www.ingramcontent.com/pod-product-compliance
Lightning Source LLC
LaVergne TN
LVHW010604070526
838199LV00063BA/5074
* 9 7 8 9 3 6 9 0 8 8 7 3 7 *

ہم آزاد ہیں

(انشایئے)

ڈاکٹر سید عباس متقی

© Dr. Syed Abbas Muttaqui

Hum Aazaad haiN *(Humorous Essays)*

by: Dr. Syed Abbas Muttaqui

Edition: April '2025

Publisher :

Taemeer Publications LLC (Michigan, USA / Hyderabad, India)

ISBN 978-93-6908-873-7

9 789369 088737

مصنف یا ناشر کی پیشگی اجازت کے بغیر اس کتاب کا کوئی بھی حصہ کسی بھی شکل میں بشمول ویب سائٹ پر اَپ لوڈنگ کے لیے استعمال نہ کیا جائے۔ نیز اس کتاب پر کسی بھی قسم کے تنازع کو نمٹانے کا اختیار صرف حیدرآباد (تلنگانہ) کی عدلیہ کو ہو گا۔

© ڈاکٹر سید عباس متقی

کتاب	:	**ہم آزاد ہیں** (انشائیے)
مصنف	:	**ڈاکٹر سید عباس متقی**
صنف	:	طنز و مزاح
ناشر	:	تعمیر پبلی کیشنز (حیدرآباد، انڈیا)
سالِ اشاعت	:	۲۰۲۵ء
صفحات	:	۸۰
سرورق ڈیزائن	:	تعمیر ویب ڈیزائن

فہرست

(۱)	کیٹ ونسلیٹ کے نام ایک کھلا خط	6
(۲)	تم نہ جانے کس جہاں میں کھو گئے	15
(۳)	مصطفیٰ خیاط: ماہر شیر وانی	25
(۴)	ہم آزاد ہیں	40
(۵)	کارنامۂ حیات ایوارڈ	45
(۶)	وہ جو ہم میں تم میں قرار تھا	51
(۷)	بچاؤ ہمیں پڑوسیوں سے	56
(۸)	آیا اب بھی ہیں بیٹیاں منحوس؟	66
(۹)	دلیپ کمار کا بنگلہ	69
(۱۰)	جادوگرسیاں	72

کیٹ ونسلیٹ کے نام

ایک کھلا خط

یار دوستوں کو خط لکھنا شعراء کرام وادباء عظام کا طرۂ امتیاز رہا ہے۔جی چاہتا تھا کہ ہم بھی اپنے دوستوں کو خط لکھیں لیکن جس کسی کو خط لکھنے کا ارادہ کرتے اس کا فون آجاتا اور جب فون پر بات ہو گئی تو خط لکھنے کا مقصد جاتا رہا۔ہم نے اس سلسلے میں شعر وسخن کے پیر و مرشد مرزا نوشہ دبیر الملک اسد اللہ خان غالب کی روح پر فتوح سے رجوع کیا۔عالم خیال میں حضرت والا تجدہ' نے ارشاد فرمایا کہ اے فرزند روحانی و جگر بندِ بے سامانی کیا کوئی تیرا معشوق نہیں ۔ہم نے دست بستہ عرض کیا کہ حضور! والا تبار کی طرح ہمارے بھی کئی ایک معشوق گزرے ہیں اور جو گزرے نہیں وہ تیار بیٹھے ہیں،لیکن انہیں لکھوں کیسے ،ہاتھ دل سے جدا نہیں ہوتا۔والا حضرت نے ارشاد فرمایا شاعری وخط نویسی ایک سکے کے دو رُخ ہوتے ہیں۔میاں ہم نے تو معشوق کو اتنے خط لکھے ہیں کہ جب روشنائی ختم ہو گئی تو خونِ جگر میں نوکِ خامہ کو ڈبو لیا لیکن معشوق کو خط لکھنا نہیں چھوڑا۔کثرت تحریر کے سبب انگلیاں زخمی ہو گئیں،قلم سے خون کی بوندیں ٹپکنے لگیں۔تم نے میرا یہ شعر نہیں پڑھا

درد دِل لکھوں کب تک جاؤں اور ان کو دکھلاؤں　　انگلیاں نگار اپنی ، خامہ خوں چکاں اپنا

بابا! خط لکھنا ہمارا کام ہے اب وہ جواب دیں یا نہ دیں ان کی مرضی ہے۔ دنیا نے تجربات وحوادث کی شکل میں جو کچھ دیا ہے اسے پھر دنیا کی طرف لوٹانا عقل مندوں کا کام نہیں، اپنے معشوق کی طرف لوٹاؤ۔ دنیا تو رحم کھانے سے رہی کیا عجب کہ معشوق ہی رحم کھا لے۔ اتنا ارشاد فرما کر مرزا نوشہ اُدھر رخصت ہوئے اور اِدھر ہم نے کاغذ قلم سنبھالا اور ارشاد والا کو حکم غیبی جان کر کچھ سطور اپنے معشوق کے حضور قلم بند کر دیئے ہیں۔

ڈیر کیٹ!

معافی چاہتا ہوں، میں نے تمہیں، تمہاری مرضی جانے بغیر ہی ''ڈیر'' کہ دیا۔ پتہ نہیں یہ لیڈروں کی سی عادتیں مجھ غریب الطبع آدمی میں کیسے در آگئیں۔ خیر کچھ ہو، میرے ڈیر کہہ دینے سے تمہیں کیا فرق پڑتا ہے، تم ایک مایہ ناز ومعروف فلم اسٹار ہو روز کوئی نہ کوئی تمہیں ڈیر کہتا ہی رہتا ہے۔ اگر میں نے کہ دیا تو کیا ہوا ویسے میں ایک شریف آدمی ہوں جب تک کہ بنگلے کا بیع نامہ میرے ہاتھ میں نہ ہو میں دلہیز پر پاؤں تک نہیں دھرتا۔

کیا عرض کروں جب سے میں نے تمہیں فلم ''ٹائٹانک'' میں دیکھا ہے میرے دل کی نیّا ڈوب گئی ہے۔ میری تمناؤں کے جہاز تمہارے حسن و جمال کے بھنور میں پھنس گئے ہیں۔ دل سے جو موج اٹھتی ہے موج بلا ثابت ہوتی ہے۔ محبت کا ایک طوفان ہے جو مجھے برباد کرنے پر تلا ہوا ہے۔ اب تم ہی اپنی خوب صورت اور گداز باہوں کے سہارے میری کشتی کو کنارے پر لا سکتی ہیں۔ سُنا ہے کہ تم تیسری مرتبہ شادی کرنا چاہتی ہو۔ جمال سے مزین اور عقل سے معرّی خواتین اور کرتی بھی کیا ہیں اور اُڑتے اُڑتے گناہ گار کانوں تک یہ خبر بھی آئی ہے کہ چند جہاں دیدہ افراد تمہاری نظر میں ہیں اور چند ایک عمر رسیدہ افراد تم پر نظر جمائے ہوئے ہیں۔ جب تم کسی بوڑھے ہی کو تیسری دفعہ شریک حیات بنانے پر تلی ہوئی ہو تو للہ اِس بوڑھے کا نام بھی امید واروں کی فہرست میں سر

فہرست لکھ لو۔تم ہرگز یہ خیال نہ کرنا کہ ہندوستانی بوڑھے کسی کام کے نہیں ہوتے ۔راز کی بات عرض کروں کہ ہندوستان میں بوڑھے ہی کام کے ہوتے ہیں،تب ہی تو ہندوستان کے حکمران بوڑھے ہی ہوتے ہیں،اور جو بوڑھے نہیں ہوتے وہ بیچلر تو ہوتے ہی ہیں ۔عموماً جوانوں میں جلد بازی اور بے ترتیبی ہوتی ہے اور عقیل ضعفاء میں اعتدال اور مستقل مزاجی ۔اس خط کے ساتھ اپنی تازہ تصویر ارسال کررہا ہوں ،دیکھو گی تو ہالی ووڈ کے شاب دخوبرواداکاروں کو بھول جاؤ گی ،اگر تم اس حقیقت بیانی کو خود پسندی پر محمول نہ کرو تو عرض کروں کہ چشم بد دور سین کا زی کے بعد اب مردانہ وجاہت محض احقر العباد کا حصّہ مقسوم ہے ۔کیا مجال جو تم میرے بانکپن پر فدا نہ ہوں۔میرے باپ دادا بہت نیک اور پارسا لوگ تھے اس لئے لوگ کہتے ہیں کہ میرے چہرے پر خاندانی شرافت کے نقوش اور سیادت اور نجابت کا نور ہے ۔تم یقیناً مجھے پسند کروگی اور مجھ سے شادی کرنے پر راضی ہو جاؤ گی ۔ہاں !شادی کے بعد میں اس بات پر راضی نہیں کہ تم فلموں میں کام کرو، میں کوئی شہنشاہ جذبات تو ہوں نہیں کہ حقیقتاً جذبات سے عاری کوئی پیکر بنا آفاقی صرف نظری وتحمل کو اختیار کرلوں۔

ہمنوا میں بھی کوئی گل ہوں کہ خاموش رہوں

ہاں کیٹ !میں واقعی کوئی گل نہیں بلکہ زمانے کی زہریلی ہواؤں اور ظلم و زیادتی کی آندھیوں نے مجھے گل سے کانٹا بنا دیا ہے۔اہل جہاں نے مجھ غریب پر وہ وہ ظلم ڈھائے ہیں کہ توبہ ہی بھلی ۔دانشوروں نے محروم رکھا تو دانشگاہوں نے سازشیں رچائیں ،علم گاہوں نے جہالت برتی تو فضل گاہوں نے گریز کیا،خانقاہوں نے بے اعتنائی برتی تو بارگاہوں نے اجتناب کیا اور بہت سی باتیں ہیں جو انشاءاللہ اطمینان سے بعد از نکاح حجلہ عروسی میں تمہارا گھونگھٹ اُٹھا کر ہی عرض کروں گا ۔گھونگھٹ اُٹھانے پر ایک بات یاد آئی ۔ہارے ہاں تیسری شادی پر بھی دلہنیں گھونگھٹ اوڑھتی ہیں اور بوڑھے بھی خوش قسمتی کے ہاتھوں اپنی دلہنوں کے گھونگھٹ اُٹھا کر ہی ان کے مبارک چہرے

دیکھا کرتے ہیں ۔گو میں نے تمہیں ہزاروں دفعہ دیکھا ہے لیکن گھونگھٹ اُٹھا کر دیکھنے کا لطف ہی کچھ اور ہے اور اگر کہیں تم خود ہی اس مبارک کام کو انجام دے لو تو میری خوشی کی کوئی انتہا نہ رہے گی ۔چاند کے رخ سے بادلوں کو ہٹایا نہیں جاتا ،خود چاند جب بادلوں سے نکل آتا ہے تو آسمان قسمت درخشاں ہو جاتا ہے ۔خُدا کی قسم تم چودھویں کا چاند ہو اور میں ایک ہندوستانی چکور ہوں ،تمہاری چاندنی جب خطۂ دکن پر پھیلے گی تو لوگ بھاگ متی کو بھول جائیں گے ۔میرے بھاگ تو اسی دن بھاگ متی ہو گئے تھے جب میں نے بلیک میں ٹکٹ خرید کر تمہاری فلم ''ٹائٹانک'' دیکھی تھی ۔تم بہت خوش بخت ہو کہ تم نے اپنا فن کیش کر لیا اور میں بہت بدنصیب ہوں کہ اپنا فن کیش نہ کر سکا۔علمی دنیا اور فلمی دنیا میں یہی تو فرق ہے وہاں لیاقت اور صلاحیت کے سکّے چلتے ہیں اور یہاں اقربا پروری ورشوت کے درہم ودینار۔یہاں جب رشوت کا سکہ دوڑتا ہے تو احساس ہی نہیں ہوتا کہ کل کون سا منظر تھا اور آج کون سا منظر ہے ۔شیرانِ دشت وجبل کو فروگزاشت کر دیا جاتا ہے اور لکڑ بگھوں کے سروں پر تاجِ شہنشاہی رکھ دیا جاتا ہے ۔چند ٹکوں کے عوض کم ظرف احمقوں کو مصوّر فطرت اور بے وقوفوں کو شہنشاہِ ظرافت کہنے سے نہیں چوکتے ۔بے وقوف نا اہلوں کے نمبر نکالتے ہیں اور جس کے نمبر نکالتے ہیں اسے نمبری بلکہ دس نمبری کہنے سے نہیں چوکتے ۔فلموں میں اس قسم کی حماقتیں نہیں ہوتیں ،امیتابھ بچن پیرانہ سالی میں چل جاتے ہیں اور بچا جوانی میں ڈوب جاتا ہے ۔

کیٹ !جب سے میں نے تمہیں دیکھا ہے اور تصویر اترواتے دیکھا ہے حیرت کے سبب خود ایک تصویر ہو گیا ہوں ۔تصویر اتروانا کوئی تم سے سیکھے دنیا تمام کے خوب صورت اور دیدہ زیب ملبوسات ایک طرف اور تمہارا وہ دریکتا ''نیلا زمرّد'' ایک طرف جسے ایک موقعہ پر تم نے دریا برد کر دیا تھا ۔میں تو کہتا ہوں کہ وہ نیلا لاکٹ بھی تمہارے پھول جیسے بدن پر کہیں خود کوئی بوجھ نہ بن گیا ہو۔جو خود پھول ہوتے ہیں انہیں تزئین وتحسین کی ضرورت نہیں ہوتی ۔برگ گل میں کہاں ہیں

گل بوٹے کے مصداق میں پھولوں کی گل پوشی کا قائل ہوں نہ غنچوں کی گہر پوشی کا۔

پردۂ سیمین پر جب تم آنسو بہاتی ہو اور تمہارے بھرے بھرے گالوں سے اشکوں کے بڑے بڑے موتی ڈھلکتے ہیں تو جی چاہتا ہے کہ ہمسر طاؤس بن کر ان آنسوؤں کو پی جاؤں اور جو سرشک خونین تمہاری نیلی اور چمک دار آنکھوں میں رہ جاتے ہیں ان پر صبر کرنا تو جوئے شیر لانے سے کم نہیں ۔چشم بد دور تمہاری آنکھوں میں خداداد درخشانی پنہاں ہے، جو اس برق سے آشنا ہوتا ہے اس کی آنکھوں میں طور کے جلوے سما جاتے ہیں ۔ان سے جو کرنیں پھوٹتی ہیں وہ دلوں کے ساز چھیڑ جاتی ہیں اور سازِ دل پر ایک ہی نغمہ گونجنے لگتا ہے"تیری آنکھوں کے سوا دنیا میں رکھ کیا ہے"۔ جب تمہاری آنکھوں سے اپنی آنکھوں کو دوچار دیکھتا ہوں تو خوشی کی ایک لہر سے اُٹھی ہے ۔مجبورِ محض ہوں، تمہاری آنکھوں کو تو نہیں چوم سکتا البتہ تمہیں چوم کر لوٹی ہوئی اپنی نگاہوں کو چوم لیتا ہوں۔ کیٹ! اگر یہ کہوں تو مبالغہ نہ ہوگا کہ تمہارے رونے میں بھی ایک ادا ہے ۔ایک عالم متاثر ہوئے بغیر نہیں رہتا۔ میں بھی تنہائی میں روتا ہوں لیکن میرا رونا کوئی نہیں سنتا۔ میری آہ و بکا سے کسی کو کوئی غرض نہیں ،میری آہ و فریاد سے کسی کو ہمدردی نہیں ۔میری ہچکیاں صرف میں سنتا ہوں یا وہ سنتا ہے جو سراپا کان ہے ۔میری ہچکیوں میں رہ رہ کر ان لوگوں کے نام آتے ہیں جنہوں نے مجھے شکست و ریخت سے دوچار کر دیا ہے۔ جنہوں نے میرا مستقبل تاریک کر دیا اور پھر سارا عالم مجھے کربلا معلوم ہونے لگتا ہے۔ اور پھر میں سجدوں میں فریاد کرنے لگتا ہوں، سطحِ خاک پر اشکوں سے ہجو لکھتا ہوں اور جب ہجو اپنے اختتام کو پہنچتی ہے تو آسمانوں سے ایک آواز آتی ہے۔

بترس ام آہِ مظلوماں کہ ہنگام دعا کردن اجابت از درِ حق بہر استقبال می آید

سنا ہے کہ تم نے دو دفعہ خود کو شادی کے بندھن میں باندھ کر خود اس بندھن کو توڑ دیا ہے ۔یقیناً ایسا تم نے شدید مجبوری میں کیا ہوگا۔ کوئی عورت آپ شادی کے بندھن نہیں توڑتی جب تک

کہ کوئی توڑنے والا اسے توڑ کر نہ رکھ دے۔تیسری دفعہ ایسا ہرگز نہیں ہوگا میں ایک شریف اور عزت دار آدمی ہوں جس کسی کا ہاتھ تھام لیتا ہوں تو عمر بھر کے لئے تھام لیتا ہوں۔ہمارے ہاں متعہ جائز نہیں، میرے ارسال کردہ پیغامِ محبت پر غور کرو، میں بہر حال تم سے دو قدم آگے ہوں تمہارے پاس شان و شوکت ہے میرے پاس شعر و حکمت ہے، تمہارے پاس جمال ہے، میرے پاس کمال ہے۔تمہارے پاس سیم و زر ہے، میرے پاس کیسہ گوہر ہے۔تمہارے پاس مال کی فراوانی ہے میرے پاس کمال کی فراوانی ہے، تم لوگوں سے مل کر خوش ہوتی ہو مجھ سے لوگ مل کر خوش ہوتے ہیں۔اگر تم مجھ سے شادی کرلو تو تم خود کو خوش بخت متصوّر کروگی البتہ مجھے اس بات کو متصور کرنے کی ضرورت نہیں ہوگی آفتاب آمد دلیل آفتاب۔البتہ میں خطبہ نکاح میں، میں بحیثیت نوشہ یہ دعا ضرور کروں گا کہ تم اب آگے کوئی ترقی نہ کرو خواتین کی ترقیاں عموماً خود ان کے لئے باعث تنزل ہوا کرتی ہیں۔خُدا رکھے تم تو صاحب کمال و صاحب جمال خاتون ہو، چشم جہاں نے کچھ ایسی خواتین کو بھی دیکھا ہے جو صاحب جمال نہ ہونے کے باوصف کمال کی مغرور ثابت ہوئیں۔احسان فراموش ہوتیں تو کوئی بات نہ تھی، محسن کش ثابت ہوئیں۔قبیلے کی ناک کٹوادی، باپ کی آبرو کو خاک میں ملادیا، شوہر کی عزت کو نیلام کردیا۔اہل دُعا سے دغا کیا، اہلِ خلوص سے بے وفائی کی، مگر تم ایسی کیوں ہونے لگیں تم نے تو وہ کتابیں ہی نہیں پڑھیں جس میں اخلاقیات کے درس پوشیدہ ہیں اور جنھیں پڑھ کر لوگ شعوری گریز کرتے ہیں۔تم اس باپ کی بیٹی ہو جس نے تمہیں خلق و ادب سکھایا ہی نہیں، البتہ ناچنا، گانا سکھایا ہے۔تم نے دوستوں کی محفل میں اپنے پاؤں کے انگوٹھوں پر ناچ کر اپنے دشمنوں کو تک حیران کردیا۔فن وہی تو ہے جس سے دشمن بھی حیران ہوں۔جو خاتون اپنے انگوٹھوں پر ناچ سکتی ہے وہ مجھے یقیناً انگلیوں پر نچا سکتی ہے اور میں تمہاری انگلیوں پر ناچنے کے لئے مدت سے بے تاب ہوں۔میں تمہاری انگلیوں پر کیا اشاروں پر تک ناچنے کے لئے تیار ہوں۔اگر

تم مجھے اشاروں پر نچاتی رہو تو لوگ مجھے یاد رکھیں گے اور مائکل جیکسن کو بھول جائیں گے ۔ مائکل جیکسن اس لائق ہی کہاں تھے جو خواتین کے اشاروں پر ناچ سکیں ۔ گٹار کے تاروں پر ناچنا اور ہے اور معشوق کے اشاروں پر ناچنا اور۔

تم نے اگر کبھی میری اہانت کر بھی دی تو مجھے کوئی دکھ نہیں ہوگا ۔ یہ سکھ کیا کم ہوگا کہ تم میرے ساتھ کچھ کر تو رہی ہو، خواہ وہ اہانت ہی کیوں نہ ہو۔ حسن والوں سے اہانت بھی کہاں ملتی ہے ۔ میں مرزا غالب کا طرفدار ہوں گالیاں کھا کے بے مزہ نہیں ہوتا۔ جو معشوق کی گالیاں نہیں کھاتے درحقیقت وہ بدنصیب ہوتے ہیں ۔ اگر تم چاہو تو مجھے اردو میں بھی گالیاں دے سکتی ہو، میں تمہیں اردو سکھاؤں یا نہ سکھاؤں اردو کی گالیاں ضرور سکھادوں گا ۔ ہندوستان میں اردو میں یا شاعری ہوتی ہے یا لوگ ایک دوسرے کو گالیاں دیتے ہیں ۔ اسی لئے تو پڑھے لکھے لوگ اپنے بچوں کو اردو نہیں پڑھاتے ، وہ سوچتے ہیں کہ ان کے بچوں کو شاعری نہیں کچھ اور کرنا ہے ۔ سنتے ہیں کہ جو مزہ اردو گالیوں میں ہے وہ دوسری زبان میں نہیں ۔ جب لوگ اردو میں گالی دیتے ہیں منھ پورا پورا کھلتا اور پورا پورا بند ہو جاتا ہے ۔ اردو کی گالیا دبے لفظوں کی متقاضی نہیں ہوتیں ۔ گالی دینے والا جب پوری آب و تاب اور جوش و ولولے کے ساتھ گالی دیتا ہے تو سنتے ہیں کہ سننے والے کی بولتی بند ہو جاتی ہے ۔ کام و دہن چٹخارے لینے لگتے ہیں ۔ ویسے تمہارے ہاں جو گالیاں ہوتی ہیں وہ دوحرفی ہوتی ہیں یا زیادہ سے زیادہ سہ حرفی ۔ مزہ نہیں آتا ابھی گالی کی تمہید سے کان آشنا ہی نہیں ہو پاتے کہ گالی ہی ختم ہو جاتی ہے ۔ دوحرفی سہ حرفی گالی نہیں ہوتی گالی کے نام پر تو ہین ہوتی ہیں ۔ کبھی جو حیدرآباد آئیو تو گالی سنیو اور گالی کا مزہ لیجیو ۔ معانی و مطالب نہ پوچھنا ، یہاں گالیاں بے معنی ہوتی ہیں بلکہ بعض وقت تو سوچنا پڑتا ہے کہ یہ گالی زنانہ ہے کہ مردانہ ۔ یہاں جب لوگ ماں کی گالی دیتے ہیں تو والد بزرگوار کو بھی درمیان میں لے آتے ہیں ۔ نیز ایسے ناگفتہ بہ مواقع کے ساتھ اپنے رشتہ ازدواجیت

کا اظہار کرتے ہیں جب کہ اس کی کوئی گنجائش نہیں ہوتی۔ یہاں لوگ بے سمجھے گالی دیتے ہیں اور سننے والے سمجھے بغیر ہی غصے میں آجاتے ہیں۔

کیٹ! کیا عرض کروں تم ہر لباس میں اچھی لگتی ہو اور یوں بھی تمہیں اچھا لگنے کے لئے اچھا لباس ہو یہ ضروری بھی نہیں۔ چشم بد دور جب تم ٹائٹانک میں جہاز کے عرشے سے اتر رہی تھیں تو تم خدا کی قسم پرستان کی پری معلوم ہو رہی تھیں۔ حسن والے ہر لباس میں حسین لگتے ہیں۔ جامہ زیبی ہے ہی وہ چیز جب ایسے ویسے نگاہوں میں کھٹک جاتے ہیں تو تم تو حسن و جمال کا پیکر ہو۔ تاہم میں چاہوں گا کہ تم اسکرٹ اور منی اسکرٹ کی بجائے کھڑا ڈوپٹہ، ریشمی شلوار اور جالی والے کرتے میں ملبوس رہو تاکہ انگلش جمال کو اردو کا پیرہن دیا جاسکے۔

سنتے ہیں کہ گیارہ ملکوں کی حکومتیں "ڈان" کو ڈھونڈ رہی ہیں اور کیٹ تمہیں بائیس ملکوں کی آنکھیں ڈھونڈ رہی ہیں، ہر اخبار میں، ہر رسالہ میں، ہر جریدے میں، لیکن جن کی آنکھیں تمہارے خوب صورت اور سڈول بدن کی متلاشی ہیں وہ تمہیں آنکھوں میں تو بسا سکتے ہیں لیکن وہ تمہیں اپنے گھر میں نہیں بسا سکتے۔ محض آنکھوں میں اوباش بساتے ہیں اور گھر میں شرفاء۔ ایک رات کی دلہن کو شریک حیات نہیں کہتے ساری حیات کی دلہن کو شریک حیات کہتے ہیں۔ افسوس ہے اس مرد پر جس نے تم سے شادی کی اور پھر طلاق بھی دیدی۔ حیف! پہلے لوگ پھولوں کو ہاتھوں ہاتھ لیتے ہیں اور پھر پاؤں تلے روند دیا کرتے ہیں۔ یہ لوگ یا تو اپنے گھر والوں سے ڈرتے ہیں یا اپنی سماجی پوزیشن سے۔ یہ لوگ یا لوگوں کے لعن طعن سے خوف زدہ ہیں یا اپنی آل و اولاد کی خفگی سے۔ یہاں تو باپ کے دوسری شادی کرنے پر خود اولاد باپ پر تیزاب پھینک کر اسے اندھا کر دیتی ہے تاکہ آئندہ کوئی اپنے لخت جگر کو آنکھ کا تارا نہ کہہ سکے۔ کیٹ! میری اولاد ایسی نہیں میں نے انہیں دین سکھایا ہے دین کا محض چغہ نہیں پہنایا ہے۔ بہت مؤدب اور متدین واقع ہوئے ہیں تمہیں صرف

زبان سے ماں نہیں کہیں گے بلکہ دل و جان سے تسلیم بھی کریں گے ۔مرزا ملعون کی اولاد کی طرح اپنی سوتیلی ماں کو نہ گھر سے نکالیں گے اور نہ مرزا معتوب کی بچوں کی طرح باپ کو بے دخل کریں گے ۔میں اپنے والد کے تیئں بھی کچھ اچھا ہی رہا ہوں اور خُدا نے مجھے کچھ اچھی ہی اولاد عطا فرمائی ہے۔

کیٹ! ہوش کے ناخن لو اور خود کو اُن درندوں کے حوالے نہ کرو جو حقیقتاً حسن و جمال کے پارکھ ہی نہیں ،ان کی قسمت میں ٹوین ٹاورس کی لمبائی ضرور ہے لیکن تاج محل کی رعنائی نہیں ۔انہیں معلوم ہی نہیں کہ عورتوں کی عزت کیوں کر کی جاتی ہے۔وہ عریانی کو حسن اور بے حیائی کو جمال متصور کرتے ہیں ،ہم خواتین کو سات پردوں میں محروس رکھتے ہیں تا کہ وہ بری نگاہوں سے محفوظ رہ سکیں ۔کیٹ !میں شادی کے بعد اس لئے بھی تمہیں سات پردوں میں چھپا کر رکھوں گا کہ کہیں کوئی دل پھینک نوجوان تمہیں دیکھ کر مچل نہ اُٹھے اور تم سے چوتھی مرتبہ شادی کی پیش کش نہ کر بیٹھے۔

تمہارے جواب کا منتظر

تم نہ جانے کس جہاں میں کھو گئے

صاحبو! ہم اس شخصیت کا نام تو ہرگز نہیں بتائیں گے البتہ ہم اس شخصیت کے کچھ کام بتا سکتے ہیں، کسی سادہ لوح شاعر کا دل چرا لینا، دنیا جسے دانشمند سمجھتی ہے اُسے دیوانہ بنا دینا، جو مصلّی بچھائے روز و شب اللہ اللہ کیا کرتا ہے اسے آئینہ دکھا کر شیشہ بینی بلکہ خود بینی میں مصروف کر دینا ، جو کلام حافظ و سعدی پڑھ کر سر دھنا کرتا ہے اسے خود رومانی شعر کہنے پر مائل کر دینا، شعروں کو سننا اور دل کھول کر داد دینا، آواز کے شیدائی کو محض گیت سنا کر بہلانا اور ہمیشہ کوئل کی طرح پتوں کی آڑ میں چھپا رہنا، کھنکتے قہقہوں سے عالم فکر کو تہہ و بالا کر دینا، بلا وجہ انتظار کے کرب انگیز لمحات سے دو چار کرنا اور چاہنے والے کو چاہ و یاس میں قید کر دینا، اپنی سانسوں کی خوش بو سے مشام جاں کو معطر کرنا اور آہٹوں کے تصور سے چونکا دینا ملنے کا وعدہ کرنا اور ہرگز نہ ملنا وغیرہ وغیرہ۔ پتا کیا بتائیں کہ ہم خود بھی نہیں جانتے کہ وہ کوہِ قاف میں فروکش ہے یا کوہِ میم میں ،اس کی گرم سانسوں سے ہندوستان کی سوندھی مٹی کی خوش بو آتی تو ضرور ہے لیکن ممکن ہے کہ وہ ایران سے بول رہی ہو۔حیدرآباد کی شستہ تہذیب کا آئینہ دار تو معلوم ہوتی ہے لیکن ممکن ہے کہ وہ انگلستان کی باسی ہو ۔انگریزی جو بے تکان کہتی ہے ۔ برا ہو مدہوشی کا کہ ہم نے اس ہوش ربا کا پتا تک نہ پوچھا ورنہ دیار یار پر دھونی جماتے، چہرے پر بھبوت ملتے، ماتھے پر قشقہ کھینچے، گلے میں مالا ڈالے، ہاتھ میں

کاسہ خیرات سنبھالے، فقیر منش کا بھیس بدلے یہی آواز لگاتے ''تیرے دوار کھڑا ایک جوگی، نا مانگے یہ سونا چاندی مانگے درشن دیوی، تیرے دوار کھڑا ایک جوگی''۔ ممکن ہے وہ چندر مکھی، تارا متی، بھانومتی ہمیں نہ پہچانتیں اور دو چار پیسے دان کرنے وہ اپنا ہاتھ بڑھاتیں اور بے خیالی میں آواز لگاتیں کہ سائیں! کچھ لیتے جاؤ! اور ہم سراپا ناز کی آواز کو پہچان کر کہہ اٹھتے ''ہم جس پر ہیں فدا وہ کہیں آپ تو نہیں، وہ کہیں آپ تو نہیں''۔ اور دامن تھام کر کہہ اُٹھتے کہ اگر آپ کو یوں کھو جانا ہی تھا تو واللہ ملے ہی کیوں تھے، اگر اتنی جلد غروب ہونا ہی تھا تو آفتاب بن کر گردون دل پر طلوع ہی کیوں ہوئے تھے۔ اور پھر سرد آہ بھر کر یہ شعر پڑھتے۔

تجھ کو خبر نہیں مگر ایک سادہ لوح کو　　برباد کر دیا تیرے دو دن کے پیار نے

یہ تو ایک خواب و خیال ہے وگرنہ بارہا دل محزوں نے ہم سے یہی پوچھا ہے کہ وہ کون تھی؟ وہ آخر کون تھی؟ کوئی بتلاؤ کہ ہم بتلائیں کیا! جس بات کی ہمیں خود اطلاع نہیں اس کی اطلاع دوسرے کو کیا دیں، خفتہ را خفتہ کے کند بیدار، ہم نے اپنے دل کو بہلانے کے لئے کہہ دیا کہ وہ ''وہ کون تھی'' کی سادھنا تھی، منو کا منا تھی، مگر دل ہے کہ مانتا نہیں۔ تاہم ہمیں اپنے دل نادان سے بہت شکایت ہے کہ غریب نے آنکھ موند کر اس کا کہا ماننے کی ٹھان لی ہے۔ اس نے بادنسیم کے دوش پر قامہ اضطراب سے لکھ بھیجا کہ جب تک کہ وہ خود ہوا کے آنچل کو جنبش نہ دے موج معطر کا انتظار کرتے رہیں، چلئے ہاتھ میں موسم کی ڈور سنبھالے آمد بہار کا انتظار فرمارہے ہیں اور موج صبا کی ہر آہٹ پر یہ سمجھ لیتے ہیں کہ ممکن ہے لب گلگوں نے سرگوشی کی ہو۔ مگر وائے نصیب! ہر دفعہ دھوکا ہوتا ہے اور ہم دل مضطرب کو تھامے یہی گیت گا اٹھتے ہیں۔

ہم انتظار کریں گے تیرا قیامت تک　　خدا کرے کہ قیامت ہو اور تو آئے

بھئی! ہم تو گفتگو کے آدمی ہیں اور بات کرنی ہی جو آئے تو کرامات ہے بات پر ایقان

رکھتے ہیں نیز یہ بھی خوب جانتے ہیں کہ بات ہر بات کو نہیں کہتے ،بات مشکل سے بات ہوتی ہے۔ہاں!یہ بھی سچ ہے کہ ہم نے اس گل بدن کو چشم سر سے نہیں دیکھا محض اس کی خوش بو کو جنبش لب سے محسوس کیا ہے۔لفظ و لہجے سے کام و دہن کا اندازہ کیا ہے،ہاں یاد آیا محترمہ نے اپنا تعارف یوں کروایا تھا کچھ اردو میں اور کچھ انگریزی میں ،ہم انگریزی ذرا مشکل سے سمجھتے ہیں انگریزی میڈیم کے تعلیم یافتہ جو ٹھہرے۔اتنا یاد ہے کہ فرمایا تھا کہ عارض حسن میں بوقت تبسم ہلکا سا ڈمپل پڑتا ہے اور سمپل سی بات ہے کہ ہم آج تک اسی ڈمپل میں اپنے کامل وجود کے ساتھ غوطہ زن ہیں۔

شاید یہ بات اس دن کی ہے جب ہندوستان کو آزاد ہوئے مدت مدید گزر چکی تھی ۔آزادی ہند کی مبارک بادی کے ساتھ اس غنچہ نو رستہ نے ورق بہار پر کچھ ایسی دلنواز تحریر لکھ بھیجی کہ فرشتہ ہو تو بہک جائے آدمی کیا ہے!اور ہم تو خیر سے آدمی بھی نہیں ۔ننگ آدمیت جو ٹھہرے۔لفظوں کے جادوگر پر لفظوں کا جادو چل گیا ،بس کچھ ایسے ڈگمگائے کہ آج تک صراط مستقیم نصیب نہ ہوئی۔کم بخت دل کے ہاتھوں مجبور ہو گئے ۔چشم تحیر نے جو تحریر محبت پڑھی دیوانے ہو گئے ۔لکھا تھا کہ آپ آج اس درجہ وجیہ و خوش شکل لگ رہے تھے کہ چشم بددور ۔۔۔اور ہم نے واقعی سمجھ لیا کہ یہ صحیح ہے !ویسے ہم نے لکھ بھیجا کہ ہم روز شیشے میں اپنا تھوبڑا دیکھتے ہیں، خدارا ہمیں خود فریبی میں مبتلا نہ کیجیے، تاہم بعد میں ہمیں کچھ کچھ یقین سا ہونے لگا کہ کہیں یہ غلط بات واقعی سچ نہ ہو۔معاً ہمیں شیخ چلی یاد آ گئے جنہوں نے شریر بچوں سے پیچھا چھڑانے کے لئے کہہ دیا تھا کہ بازار میں شیرنی تقسیم ہو رہی ہے ،بچے ان کے فریب میں آ گئے اور بازار کی جانب دوڑ گئے ان کے پیچھے شیخ چلی بھی نکل پڑے کہ شاید بازار میں واقعی شیرینی تقسیم ہو رہی ہو۔اگر ہماری تحریر سے کوئی متاثر ہوتا ہے تو ٹھیک ہے اساتذہ کو لوگوں نے کہاں پڑھا ہے، ہمارا لکھا پڑھ کر ہی خوش ہو جاتے ہیں۔وہ تو کچھ متین طبائع ہیں جو مجذوب کی بڑ کو در خور اعتنا خیال کرتے ہیں وگرنہ ''من آنم کہ من دانم

"۔اور پھر واقعۂ جو ہم لائق ہی ہوتے تو یوں صدیوں سے ناقدری کا شکار نہیں ہوتے ، جو ہر ناشناس ارواح "سر" کہتے کہتے "سرونٹ" نہ کہتیں ۔کم ظرفوں کی میز پر ہمارا کارنامہ صدیوں سے دھرا نہ رہتا ،مردان لئیق کی طرح ہمارے ہاں بھی کوٹھی ہوتی ، افراد خلیق کی طرح ہم بھی موٹر نشین ہوتے ۔شکر ہے کہ دل طمع وآز سے تہی ہے ،زر خالص رکھتے ہیں بازاری زیورات سے دست و گریباں مزین نہیں ۔تاہم ہم سوچتے ہیں کہ اس نازِ ادب نے کس طرح ہند و پاک کے ادب لطیف سے علاقہ پیدا کیا ہے۔شاید اسی فطانت و ذہانت نے ہمیں مائل کر دیا ،بازار ادب میں اسی چیز کا تو فقدان ہے ،بہت کم لوگ ہیں جو سطور کے علاوہ بین السطور سے مغز شعور حاصل کرتے ہیں ۔انسیت کا دوسرا اور اہم پہلو محترمہ کا بے لاگ تبصرہ اور دوٹوک تنقید تھی ،ہم تنقید کے شیدائی ہیں ،شرط یہ ہے تنقید صحت مند ہو ،بیمار ذہنوں سے صحت مند تنقید کا اخراج ممکن ہی نہیں ،شمیم ادب دل و جان کو معطر کرتی ہے مکدر و مغضوب نہیں ۔ہم خوش بو کے اس سفر کو مانتے ہی نہیں جو تلخ ثمرات کی آبیاری میں مصروف ہوں ۔جو پیڑ شیریں پھل دیتے ہیں، پتھروں کی زد میں رہتے ہیں ۔یہ درختان مسعود تو وہ ہوتے ہیں جو پتھر مارنے والے کو پھل دیا کرتے ہیں ۔چنانچہ ایک دفعہ کہنے لگیں کہ آپ کے ہاں نئی فلمی شاعری پر بہت لے دے ہوتی ہے ،ہم نے کہاں یہ تو ٹھیک ہے ساحر اور شکیل کے گیت سننے کے بعد موجودہ گیت سنتے ہیں تو حیا آتی ہے ۔کہنے لگیں ایسا بھی نہیں ہے، نئے گیتوں میں بھی اعلیٰ فکر اور اونچے اقدار پائے جاتے ہیں اور پھر موصوفہ نے ہمیں اپنے ترنم خاص سے ایک گیت سنایا ،گیت واقعی فکر انگیز اور ترنم ریز تھا اور ہمیں افسوس ہوا کہ ہم نے یہ گیت پہلے کیوں نہ سنا۔پھر ہم نے اپنی فکر سے رجوع کیا ۔یہ تو ٹھیک ہے لیکن یہ تحریر کے ساتھ ساتھ تصویر والی بات ،کچھ ہضم نہیں ہوئی ۔تاہم اس دنیا میں کون ایسا شخص ہے جسے اپنی تعریف بھی نہ لگتی ہو،اور یوں بھی ہر تصویر کی تعریف خود مصوّر کی تعریف بھی تو ہے۔موصوفہ نے تعریف کے بہاؤ کو کچھ یوں تیز کر دیا کہ ہم مع جبہ و

دستار اس بہاو میں بہہ گئے۔ بحر توصیف میں کچھ یوں غوطہ زن ہوئے مانو کسی نے اپنی گداز باہوں میں جکڑ لیا ہو، جتنا گلو خلاصی کی کوشش کرتے اتنا ہی گرفتار ہوتے جاتے۔ مدتوں سے خاموش محبت کی قوس و قزح نے انگڑائی لینی شروع کر دی، افق بیکراں سے آفتاب عشق طلوع ہو گیا، پھولوں کی چٹکتی صداؤں نے سوئی ہوئی تمناؤں کو جگا دیا۔ بارانِ محبت بھی عجیب ہوتی ہے خشک پودوں میں گل یاسمین کھل اٹھتے ہیں۔ لیکن افسوس بدلیاں چھا گئیں برسات نہ ہونے پائی والی بات پیدا ہو گئی۔ اب دل محزوں بھی کیا کرے محترمہ کی آواز بھی تو کچھ کم سحر انگیز نہ تھی، کچھ ایسا نغمہ سنایا کہ لتا منگیشکر کی چھٹی ہو گئی، آشا بھونسلے کا جادو جاتا رہا۔ مبارک بیگم نا مبارک ثابت ہوئیں، سدھا ملہوترا خاموش ہو گئیں۔ شمشاد کا قد چھوٹا ہو گیا۔ نور جہاں بے نور ہو گئیں اور ثریا تحت الثریٰ میں جا پہنچیں، بس کانوں میں ایک ہی آواز اور ایک ہی نغمہ گونجتا رہ گیا۔ کاش اس نے ساز نہ اٹھایا ہوتا، کاش ہم نے غزل نہ چھیڑی ہوتی اب اس ان دیکھی صورت کی یادیں ہیں اور محبت و یاس کا مارا ایک شاعر ہے۔ اب تو یہ عالم ہے کہ صبح غزل ہوتی ہے اور شام مرثیہ، یا رباعیات بے دل سے سروکار ہے یا قطعات آزدہ سے، لیکن سنائیں کسے، سننے والوں نے تو کان پر ہاتھ رکھ لئے ہیں۔ ایسا معلوم ہوتا ہے کہ آپ نے محض دل لگی فرمائی ہیں اور ہم واقعی دل دے بیٹھے ہیں۔ کوئی چارہ ساز بھی تو نہیں کہ دلاسہ ہی دے، کوئی غم گسار بھی تو نہیں کہ سہارا ہی دے۔ شاید ہم ہی جلد باز واقع ہوئے تھے جو آپ نے ادھر تیر ناز کھینچا اور جھٹ ادھر ہم نے اپنا سینہ پیش کر دیا۔ ہاں بھئی! ہم سے واقعی بھول ہو گئی دل لگی کو سمجھ لیا ہوتا تو یہ دل کی لگی نہ ہوتی اور یوں گریہ و زاری سے دوچار نہ ہونا پڑتا، اور یوں شیون و ماتم سے علاقہ نہ ہوتا۔ ہم نے مولانا روم کی نصیحت کو بھلا دیا تھا کہ ''طعمہ ہر مرغ کہ انجیر نیست''۔ محبت کی کہانیاں اس عہد میں عموماً جھوٹی ہوتی ہیں اور جھوٹی کہانیوں پر رویا نہیں جاتا۔ اور یوں بھی رونے سے تقدیر نہیں بدلتی محض دامن بھیگ جاتا ہے۔ تاہم دنیا میں جو ہوائے نفرت چل

رہی ہے اس نے شام کو چھوڑا ہے نہ صبح کو۔ساری دنیا کدورت سے مملو ہوگئی ہے، جب ہم شرافت و نجابت کو محروس اور وفا ومہر کو نابود پاتے ہیں تو یہی کہہ اٹھتے ہیں۔

مگو حکایت مہر و وفا مسیح کہ دہر شنیدہ قصہ سیمرغ و کیمیا بسیار

انہیں یاد ہوگا کہ ہم نے صاف لفظوں میں پوچھ لیا تھا کہ ناقد روسیاہ شاعر بلند پرواز سے یہ کہتا ہیکہ ''وہ تو ایک خواب ہے'' اب تم ہی بتاؤ کہ شاعر زندہ دل کیا کرے ۔آیا وہ ناقد ناصح کی نصیحت کو مان لے یا حافظ کے اس شعر پر عمل کرے کہ

ہر چہ باداباد ، کشتی در آب انداختیم

جواباً وہ شاعر کے پیچھے آ کھڑی ہوئیں کہنے لگیں ناقد کا برا ہو ہم تو شاعر کے ساتھ ہیں، ان کلمات کو سننا تھا کہ دل باغ باغ ہو گیا ،تاہم ہم بھی کسی سے کم نہیں ،وہ شاہِ حسن سہی شہریار ہم بھی ہیں ،کاش محترمہ نے پشت پناہی کے ساتھ ساتھ نور جہاں بن کر پشت پر ہاتھ بھی رکھ دیا ہوتا تو رشک نورالدین ہوتے ۔کشورِ سخن کے بے تاج بادشاہ گردانے جاتے لوگ ہمیں محبت سے ظل سبحانی کہتے اور ہم آواز لگاتے ''جو دیا اس کا بھلا اور جو نہ دیا اس کا بھی بھلا'' ۔اقلیمِ سخن پر حکومت کرنے والوں کا یہی انجام ہوتا ہے ۔ہاں یہ سچ ہے کہ ہمیں وہ گل عزیز ہے لیکن ہم گلشن پرست ہیں محض گل ہی کو عزیز نہیں رکھتے خانوادۂ گل کو بھی عزیز رکھتے ہیں گل کی عفت وعصمت کو بھی عزیز رکھتے ہیں اور گل کی عظمت وحشمت کو بھی ۔گل کے ساتھ ساتھ ہمیں برگ گل بھی عزیز ہے اور شاخ گل بھی بیخ گل بھی عزیز ہے اور رگ گل بھی بلکہ ہمیں وہ خار مغیلاں بھی عزیز ہیں جو اس گل کے تحفظ میں مدام چابک ومستعد رہتے ہیں اور نامراد گلچیں کو گل کے قریب پھٹکنے نہیں دیتے اور گل چیں کو چیں بہ جبیں ہونے پر مجبور رکھتے ہیں ۔ہمیں وہ ہوائیں بھی عزیز ہیں جو اس گل کو مدہوش ومسرور رکھتی ہیں ۔وہ مہر درخشاں بھی عزیز ہے جو اس گل کی آبیاری میں ممد ومعاون ہے اور وہ چاندنی بھی عزیز ہے

جو اس گل کی دستگیر ہے۔دیکھیں اب اس گل کا نصیب کہ آیا وہ کسی شاعر کے طرہ ناز میں مہکتا ہے یا کسی ڈاکٹر یا انجینیر کے کوٹ کے کالر میں ۔مقدرات پر ہم صدق دل سے ایمان رکھتے ہیں خدا جس شئے کو جہاں پہنچانا چاہتا ہے وہی جگہ اس کا منبع و مصدر قرار پاتی ہے۔اس دنیا میں ہر شئے کو اس کا مقام مل ہی جاتا ہے اور ملنا ہی چاہیے ورنہ ظلم کیا ہے کسی شئے کو اس کا مطلوب مقام کا نہ ملنا ہی تو ظلم ہے۔تاہم ہمیں یاد آتا ہیکہ اس گل نے ورق شیم پر خط نستعلیق میں لکھ بھیجا تھا کہ ''کبھی تو آسمان سے چاند اترے جام ہو جائے ،تمہارے نام کی ایک خوب صورت شام ہو جائے''۔یہ پڑھ کر تو ہماری شام ،شام اودھ ہوگئی ،شام ہی پر کیا منحصر ،مارے خوشی کے رات آنکھوں میں کٹ گئی ۔اردو جان لیوا ،لہجہ کٹار انداز تیر اور الفاظ خنجر تھے ۔شعر آنکھوں کی راہ سے دل میں اتر گیا۔ہم نے کہا ہم تو آپ کی کرامت کے دل سے قائل ہو گئے لوگ آنکھوں کی راہ سے دل میں اتر آتے ہیں اور آپ تو کانوں کی راہ سے دل میں اتر آئی ہیں ۔ویسے شعر کی نزاکت شاعر ہی جانے ،ہم تو محض تک بندی کرلیا کرتے ہیں ۔من نہ دانم فاعلاتن فاعلات والا معاملہ ہے۔دود پریشاں پر خط شکستہ سے لکھ بھیجا کہ شعر اتنا خوب صورت ہے کہ شعر کے جواب میں شعر کیا پیش کریں ،خاکسار اپنے آپ کو پیش کرتا ہے۔ہم تو اس بات کے قائل ہیں کہ لفظوں میں اگر شستگی اور لہجہ میں اگر شائستگی نہ ہو تو گفتگو لا یعنی ہے ۔ایک دفعہ رات دیر گئے آواز آئی ''کیا آپ سو رہے ہیں''۔ہم نے سرگوشی کی جس کی قسمت جاگتی ہے وہ شب بیدار ہوتے ہیں ۔مرزا غالب کے فارسی اور اردو کلام کے جائزے پر مکرر جائزہ لے رہے ہیں تا کہ اشاعت عمل میں لائی جا سکے۔کم بختوں نے منزل سے ہم کنار نہ کیا ورنہ ہم بھی آدمی تھے کام کے ۔کہنے لگیں آپ کی باتیں سمجھ میں نہیں آتیں ۔ہم نے کہا محترمہ! اس دنیا میں ہر دیوانے کا یہی حال ہے اور ہر دیوانے کو کم ظرف راہ میں چھوڑ کر اپنی راہ لیتے ہیں گویا دنیا ہی منزل مقصود ہو ۔انہیں معلوم ہی نہیں کہ اس دنیا کے بعد ایک اور دنیا آنے والی ہے جو البتہ منزل

مقصود ہے ۔ خیر اتنی رات دیر گئے قسمت جگانے کا مقصد، کہنے لگیں کچھ سنائیے نیند نہیں آرہی ہے ،شاعر کو تو موقع ہی چاہیے،اور پھر ممدوح خود سن رہا ہو تو کیا کہنے۔ہم نے تازہ نظم سناڈالی۔

نظم محبت

میں سوچتا ہوں میری دعا ہو کبھی جو کی تھی وہ التجا ہو
میری تمناؤں کا صلا ہو میرے خیالوں کا مدعا ہو
میرے تصور میں جو پری تھی تمہارے پیکر میں ڈھل گئی ہے
تمہیں جو دیکھا تو ایک تمنا سی کوئی دل میں مچل گئی ہے
حسین یادوں کا سلسلہ ہو لطیف لمحوں کی تم جزا ہو
جو گفتگو تم نے مجھ سے کی ہے وہ ساری دنیا کی گفتگو ہے
جو نغمہ تم نے سنا دیا ہے وہ نغمہ عالم کی آرزو ہے
تمہیں تو صدیوں کی آبرو ہو تمہیں تو صدیوں کا آسرا ہو
ردائے الفت میں آ بھی جاؤ قرین منزل نہ ڈگمگاؤ
میرے گلستاں کی تم کلی ہو میرے گلستاں میں مسکراؤ
بلا سے دنیا اگر خفا ہو زمانہ چاہے چراغ پا ہو
جو تم نہیں تو بہار کیا ہے بہشت کا انتخار کیا ہے
تمہارے دم سے یہ مے کشی ہے جو تم نہیں تو خمار کیا ہے

میری خوشی کی تم ابتدا ہو میری مسرت کی انتہا ہو
تمہیں تو دیکھا نہیں ہے میں نے تمہاری خوش بو کو جانتا ہوں
تمہارے نزدیک تو نہیں پر تمہاری خو بو کو جانتا ہوں
تمہیں تو سرتاپا مدعا ہو میرے سفینے کا نا خدا ہو

سلسلہ قامہ وقرطاس عجب مزہ دیتا ہے ہم سوچتے ہیں کہ اے کاش وہ دلدادۂ سخن فارسی کی شیرینی سے واقف ہوتیں تو ہم دل کھول کر فارسی میں گفتگو کرتے کہ فارسی میں گفتگو کا لطف تو وہی جانیں جنہیں فارسی کا چسکہ لگ گیا ہو۔ فارسی محبت کی زبان ہے اور محبت کا بیان ہے، جن کے سینوں میں نفرت وکدورت ہوتی ہے وہ اس زبان کی برکات کو مطلق حاصل نہیں کر پاتے اور جو کم ظرف ہو تے ہیں وہ اس زبان کی حلاوت سے نابلد رہتے ہیں۔ فارسی کی شیرینی سے وہی تو مزہ لیتے ہیں جن کے سینے کینے سے خالی اور دل بغض وعناد سے مبرّیٰ ہوں۔

چہ خوش بودی اگر بودی زبانم در دہان او زبان من خوشا ترکی واوترکی نمی داند

اب کون ہے جو یہ سن کر دل تھام نہ لے کہ سارے ہندوستان میں آپ کا جواب نہیں ،فطانت ،ذہانت ،سعادت ،وجاہت ،کرامت نہ جانے کن کن قوانی کو قدوم لب سے پامال کر دیا اس اعتراف پر ہم نے عرض کیا حضور کی زبان صدق آثار سے ہندوستان بہت چھوٹا لفظ معلوم ہوتا ہے کیا ہی اچھا ہوتا جو ''ایشیا'' کہہ دیتیں کہ کچھ ہی تو مواقع ہوتے ہیں جہاں حقیقتوں کا اظہار لایعنی نہیں ہوتا ،چشم بددور ظاہر و باطن میں یکتائے روزگار ہیں تو جمال وکمال میں بے نظیر۔ جواب میں جہاں دیدہ وجاں گسل قہقہوں کا دور تک شور سنائی دیتا رہا۔ کچھ خوب صورت یادیں ہیں جو اس زبان ہمہ دان کے ساتھ خاموش ہوگئیں۔

۔موج صبا کے ورق ورق پر ہم نے یہی کچھ لکھ دیا تھا۔زمانے کے مورخ سے کہہ دو کہ ہم ایک سچے آدمی ہیں دروغ گوئی ہماری فطرت میں نہیں ۔بحمداللہ عز وجل ہم ایک اعلیٰ خاندان کے چشم و چراغ ہیں،تحمل و اعلیٰ ظرفی ہماری شخصیت میں کوٹ کوٹ کر بھری ہے اگر گوناں گوں مجبوریوں نے دامن تھام رکھا ہے،اگر احوال ناگفتہ نے راہ روک رکھی ہے تو کوئی اتنی جبر و تضاد کی بات ہی نہیں چشم ما روشن دل ما شاد۔وہ افسانہ جسے انجام تک لانا ممکن نہ ہو اسے ایک خوب صورت موڑ دے کر چھوڑنے کا حوصلہ بھی تو رکھتے ہیں لیکن وجہ انقطاع کا سوال شاید ہندوستان کی تعزیرات ہند میں کوئی جرم نہیں ہے ۔ہم تہہ دل سے دعا گو ہیں کہ جس موج شمیم کے ہم متلاشی ہیں اگر وہ چمن دیگراں کے نصیب میں ہے تو ہر غنچہ پھول کا پیرہن بن جائے اور ہر شاخ مدت مدید تک رشک بہار رہے۔

تم سلامت رہو ہزار برس ہر برس کے ہوں دن پچاس ہزار

مصطفٰی خیاط

ماہر شیروانی

خیاطی ایک فن شریف ہے اور اس فن کو ہمیشہ شرفاء نے گلے لگایا ہے اور لائق فن کاروں نے اس فن کو بام عروج پر پہنچانے کے لئے روز و شب ایک کر دیئے ہیں۔ عموماً خیاط اپنے کمالِ فن کے مظاہرے سے دولت کے علاوہ شہرت بھی خوب کمائی ہے۔ آج ہم پرانے شہر کے ایک ایسے ہی خیاط کا ذکر کرنے جارہے ہیں جو مصطفٰی خیاط کے نام سے مشہور ہیں، جنہوں نے اس فن شریف کو اپنی شرافت، لیاقت اور محنت سے درجہ کمال پر پہنچانے میں کوئی کسر اُٹھا نہیں رکھی ہے، دولت بھی کمائی ہے اور عزت بھی حاصل کی ہے۔ اب یہ عزت و آبرو کی معراج نہیں تو کیا ہے کہ شہر حیدرآباد کے علماء کرام و ائمہ عظام کے علاوہ قراء، فضلا اور قضاۃ اپنی شیروانیاں ان ہی کے ہاں سلواتے ہیں اور ادباء و شعراء ان ہی کے فن سے بہ صد اشتیاق استفادہ کرتے ہیں۔ بعض شیوخ تو شادی بیاہ کے مواقع پر سارے خاندان کی شیروانیاں انہیں سے سلواتے ہیں اور انہیں اتنی بھی فرصت نہیں دیتے کہ کسی شریف آدمی سے دو گھڑی سکون سے بات بھی کرسکیں۔

''مصطفیٰ خیاط''، ان کے نام سے آپ چونک گئے ہوں گے،آپ نے اس نام کا قصہ،قصہ ٔ چہار درویش کی مایہ ناز کہانی ''علی بابا چالیس چور'' میں پڑھا ہوگا،ارے بھی وہی مصطفیٰ خیاط جنھوں نے علی بابا کے بے وقوف و بد دیانت بھائی قاسم کے گلوئے مقطوع کو اس صفائی سے سیا تھا کہ کسی کو معلوم تک نہ ہو سکا کہ چوروں کے سردار نے قاسم کی گردن ماردی تھی۔اب آپ پوچھیں گے کہ یہ قاسم کون؟ارے بھئی وہی قاسم جنھوں نے علی بابا سے بہ حیلہ ومکر چوروں کے خزانے کا پتا معلوم کر لیا تھا اور جب بے پناہ دولت دیکھی تو مارے حیرت کے ''کھل جا سم سم'' کے الفاظ بھول گیا تھا۔اب آپ ہرگز یہ نہ پوچھیے کہ دولت کا انبار دیکھ کر یہ چہار لفظی منتر وہ کیسے بھول گیا ؟ بھائی! جب موجودہ عہد کے لیڈرس ،منسٹرس اور عہدہ دار بے پناہ دولت اور بے حد گاندھی چھاپ نوٹ دیکھتے ہیں تو وہ ان حلف ناموں کو بھی تو بھول جاتے ہیں جو کبھی انگریزی میں تو کبھی ماشاء اللہ اردو میں نہایت ایمان داری سے لیتے ہیں اور بعد میں انھیں یہ تک یاد نہیں رہتا کہ انھوں نے ایمانداری سے آخر لیا کیا تھا۔یہ دولت ہے ہی ایسی چیز اچھے اچھوں کے چھکے چھڑا دیتی ہے،لوگ سونا دیکھ کر لوگوں کو موت کی نیند سلا دیا کرتے ہیں اور مال و زر دیکھتے ہیں تو مجبوروں اور بے کسوں پر تیر وتبر آزمانے لگتے ہیں۔اگر قاسم ''کھل جا سم سم'' کو بھول بیٹھا تھا تو ہم اسے ''دولت کی مجبوری'' سمجھیں گے۔بھئی !اس دولت کا کیا پوچھنا جو کبھی یزید بنا دیتی ہے تو کبھی یزیدی۔ہمیں اس موقع پر ہمارے وہ دوست یاد آ رہے ہیں جو کبھی ہمارے جاں نثار،غم گسار،ہم پیالہ و ہم نوالہ بلکہ ہم کار و ہم بے کار ہوا کرتے تھے جوں ہی خدا نے انھیں عظیم عہدوں سے نوازا انھوں نے اس درجہ اعلیٰ ظرفی کا مظاہرہ فرمایا کہ یاروں کی یاری ہی نہیں خود یاروں کو بھی فراموش کر دیا۔جوں ہی وہ آٹو سے اچک کر موٹر میں آبیٹھے،فوراً اچک کر اوچھے پن کی انتہا پر بھی جا پہنچے۔اپنی امارت کے ترانے گنگنانے اور ہماری غربت و افلاس کا مذاق اڑانے لگے۔انھیں یاد ہی نہیں رہا کہ ہم سب کبھی ایک ڈال کے پنچھی ہوا

کرتے تھے۔اللہ دولت تو دے لیکن دولت پر غرور نہ دے۔(آمین)

پتا نہیں کیوں ہمیں مصطفیٰ ٹیلر کے کوچہ میں قدم رکھتے ہی علی بابا کا قصہ یاد آجاتا ہے بلکہ وہ تمام فلمیں یاد آجاتی ہیں جنہیں ہم نے لڑکپن میں تھرڈ کلاس میں بیٹھ کر ،یاقوت محل ،زمرد محل ، اسٹیٹ ٹاکیز اور کرشنا ٹاکیز میں دیکھی تھیں اور نہایت دھینگامشتی کے علاوہ جبر وتشدد کے مظاہرے کے بعد تھرڈ کلاس کا ٹکٹ حاصل کیا تھا۔ مصطفیٰ ٹیلر کو ہم اسلئے پسند کرتے ہیں کے ان کے ہاں سلیقہ ہی سلیقہ ہوتا ہے کیا مجال جو بد سلیقگی کی پرچھائیں تک کا گزر ہو۔شیروانی کچھ ایسی لاجواب سیتے ہیں کہ پہننے والا خودکو میرے محبوب کا ہیرو(راجندر کمار) سمجھنے لگتا ہے۔شیروانی نہ ہوئی طرح پر کہا گیا کوئی لاجواب مصرع ہوا۔ مصطفیٰ ٹیلر کی شیروانی پہننے کے بعد آدمی کی حیثیت عرفی متاثر ہوئے بغیر نہیں رہتی،لوگ آدمی کو نہیں اس کے پیرہن کو دیکھتے رہ جاتے ہیں۔ ویسے ہمارا معاملہ قدرے جدا ہے ہم شیروانی سے نہیں ،شیروانی ہم سے دیدہ زیب ہوتی ہے۔

شیروانی میں بھی ہمارے بزرگوں نے وہ اصول وضوابط اور وہ نزاکت و لطافت پیدا کی ہے کہ بس دیکھا کیجئے۔ہاں یہ بات تو ھے کہ شیروانی پہننے والے کو صوفی ہونا چاہئے ہمارا مطلب یہ ہے کہ اسے کم کھانا چاہئے ۔ جو لوگ پیٹو قسم کے ہوتے ہیں اور دستر کے شیر ہوتے ہیں انہیں شیروانی زیب نہیں دیتی۔شیروانی کے اندر سے برامد ہوتی ہوئی توند بہت بری معلوم ہوتی ہے۔شیروانی صاحب توند کے لئے نہیں ۔صاحب توند حضرات کیلئے سوٹ بلکہ تھری پیس سوٹ بہترین لباس ہے۔کوٹ کا بٹن کھول لیجئے اب توند کی مرضی ہے جتنی داداگری فرماتی ہے فرمالے۔

ہے کیا جو کس کے باندھیئے میری بلا ڈرے ہاں خوب جانتا ہوں تمہاری کمر کو میں

مصطفیٰ ٹیلر کی زندگی نہایت آزمائش اور کڑے امتحان سے گزری ہے۔انہوں نے اپنی زندگی کے راز ہائے گوناگوں پر سے پردے اٹھاتے ہوئے کہا کہ وہ لڑکپن ہی سے فن خیاطی کی

جانب مائل رہے اور ''استاد بھومیا'' ساکن داراب گنج کے ہاں محض چھ آنے روزینہ پر نوکر ہوئے اور اپنی شبانہ روز جد و جہد سے اپنے فن میں کمال حاصل کیا۔ انہیں اس بات کا دکھ ہےکہ اساتذہ فن نے کبھی دل کھول کر اپنے شاگردوں کو اپنا فن نہیں سکھایا بلکہ اپنے فن کو اپنے شاگردوں سے چھپاتے رہے اور مزید افسوس کا مقام ہے کہ '' اخفائے فن '' کا سبق انہوں نے اپنے اساتذہ سے حاصل کیا تھا۔ اس بات پر ہمیں وہ حکماء یاد آگئے جنہوں نے مرتے دم تک اپنے آزمودہ نسخہ جات کو اپنے شاگردوں سے مخفی رکھا یہاں تک کہ راز ہائے حیات افزا کو لے کر اس دنیائے دوں سے رخصت ہو گئے ۔ پتا نہیں یہ فنکار لوگ اپنے فن کو لوگوں سے کیوں مخفی رکھتے ہیں اور کیوں نہیں چاہتے کہ دوسرے بھی مستفید ہوں درآنحالیہ کہ علم وفن وہ شئے ہے جو سکھانے اور سمجھانے سے مزید بڑھتی ہے، گھٹتی نہیں ۔ ان ناانصافیوں کے باوصف مصطفیٰ ٹیلر نے ہمت نہیں ہاری اور اپنی ذہنی اپج اور خدا داد صلاحیت کو روبکار لاتے ہوئے اس فن میں ید طولیٰ حاصل کیا۔ پہلے ایک چھوٹی سی دوکان کھولی پھر اس دوکان کو وسعت دی ۔ اپنی محنت شاقہ کی کمائی سے محلہ بھوانی نگر یاقوت پورہ میں اپنا ذاتی مکان بنوایا۔ ہم نے دریافت کیا کہ جب لوگ ایک مدرسہ سے دوسرا مدرسہ اور ایک مطب سے دوسرا مطب کھول لیتے ہیں تو آپ نے ایک ہی دوکان پر اکتفا کیوں کیا۔ کہنے لگے، ''دوکان کھولنے کو تو کھول لوں گا لیکن کاریگر کہاں سے لاؤں''۔ اس دور میں کاریگر نہیں ملتے ۔ واقعی یہ عہد، عہد بے روزگاران ہے۔ لیکن کاریگر نہیں ملتے ۔ لوگ اساتذہ کی جوتیاں اٹھانا نہیں چاہتے اور چاہتے ہیں کہ بغیر کدوکاوش کے انہیں علم وفن کی دولت حاصل ہو جائے جو ہرگز ممکن نہیں ۔ لوگ مشق وریاض سے گریز کرتے ہیں اور مسند عظمیٰ کے طلب گار ہوتے ہیں جو کسی طور مناسب نہیں ۔

شیروانی کی خوب صورتی پہننے والے کے بدن کی خوب صورتی سے عبارت ہے، سبک اندام حسینائیں ململ کے کرتے میں بھی رشک قمر معلوم ہوتی ہیں اور ٹن ٹن جیسی خواتین پر لاکھوں کی

پوشاک بے محل ہوتی ہے۔نازک انگلی میں چاندی کا چھلہ بھی بھلا معلوم ہوتا ہے ، بھدی اور موٹی انگلیوں میں ہیرے کی انگشتری بھی اپنا وقار کھو بیٹھتی ہے ۔ماضی قریب میں ایک لباس ہوا کرتا تھا جسے چوبغلا اور انگرکھا کہتے تھے ۔یہ پاجامے کے نیفے کی طرح ہوتا تھا جس قدر توند نکلتی جائے پھیلاتے جایئے،صرف ذرا اس کی ڈوریاں باندھنے کی زحمت اٹھانی پڑتی تھی۔نواب واجد علی شاہ مرحوم اپنے بے پناہ موٹاپے کے سبب اس لباس کو بہت پسند فرماتے تھے اور یہی ان کے بدن اقدس پر بہت موزوں بھی ہوا کرتا تھا۔ابعاد ثلاثہ ہر سمت و ہر جہت سے وا ہوتے تھے لیکن کیا مجال جو اس کے حسن میں ذرہ برابر کمی واقع ہو۔ہاں اتنا ضرور ہے کہ اگر ان کی آدمی تصویر دیکھی جائے تو دیکھنے والا شک میں پڑ جاتا ہے کہ آیا یہ مرد کی تصویر ہے یا کسی صحت مند خاتون کی ۔اپنے آخری وقتوں کے اس لباس کو فلم ''میرے حضور'' میں دیکھا گیا تھا ۔راج کمار نے اسے پہنا تھا اور مستی کے عالم میں'' جھنک جھنک توری باجے پائلیا '' والا گیت گایا تھا۔زاں بعد پھر کسی فلم میں چوبغلہ دیکھا نہیں گیا ۔جس طرح موٹے آدمی کے لئے شیروانی مناسب نہیں اسی طرح انگرکھا یا چوبغلہ دبے آدمی کو زیب نہیں دیتا ۔اللہ تعالیٰ نے جب شخصیتوں کو پیدا فرمایا ہے تو مناسب ملبوسات بھی عطا فرمائے ہیں ۔ پرانے وقتوں کے ایک معروف انگریز ڈائرکٹر تھے ،الفریڈ ہچکاک،عجیب وغریب نقش و جثہ کے مالک تھے،تاہم ان کے بدن پر سوٹ بہت بھلا معلوم ہوتا تھا۔پنڈت نہرو ہندوستان کی آزادی تک چھرہرے واقع ہوئے تھے اسی لئے ان کے بدن پر شیروانی بہت اچھی معلوم ہوتی تھی لیکن جب وہ وزیر اعظم بن گئے تو شاید وہ خوشی میں موٹے ہو گئے تھے اب انہیں توند بھی نکل آئی تھی لیکن انہوں نے شیروانی نہیں چھوڑی تاہم ان کے پیٹ کا ابھار ان کی شیروانی پر ایک داغ معلوم ہوتا تھا ۔ہم سوچتے ہیں کہ انہوں نے ''توند آمد شیروانی برخواست'' پر عمل کیوں نہ کیا۔

ہمارے دوستوں نے بھی مصطفیٰ خیاط کی خیاطی کو بے حد پسند کیا ہے، چنانچہ جب ڈاکٹر نسیم

الدین فریس، صدر شعبہ اردو نے مصطفیٰ ٹیلر سے اپنی شیروانی سلوائی تو وہ ہمیں اتنی پسند آئی کہ ہم نے فی البدیہہ ایک قطعہ کہہ دیا اور اپنے یارِ غار کی نذر کی۔ قارئین کے تفنن طبع کی خاطر یہاں وہ قطعہ مرقوم کیا جاتا ہے۔

مصطفیٰ خیاط از دست کمال شیروانی نسیم الدین دوخت

رشتہ و مقراض و سوزن خوب بود متقی اوشہ پر شاہین دوخت

ہمارا تو یہ وتیرہ رہا ہے کہ جب ہم کسی گل عذار کے حسن و جمال سے متاثر ہوتے ہیں یا کسی فن کار کے فن و کمال سے، دو ایک شعر ضرور نذر لطافت کر دیتے ہیں۔ عقلا اسے ہمارا حمق متصور کرتے ہیں لیکن اب ہم بھی کیا کریں ہم اپنی خوئے کہن سے مجبور ہیں۔ لیکن تا حال ہم نے اس کے جواب میں کسی رقیب و حبیب کو اپنے حضور ہدیہ تبریک و سوغات تشویق پیش کرتے ہوئے نہیں پایا۔ ہم نے تو بچے کی ختنہ پر گیارہ شعر کی نظم کہہ دی لیکن ہائے قسمت کہ ہم نے شادی بھی کی تو کسی خوش بخت نے اس خوشی کے موقع پر دو شعر کا نذرانہ نہ گزرانا۔ حالانکہ ہمارے دوستوں میں شعراء کرام بھی وافر مقدار میں موجود ہیں۔ شعر جذبات کے آئینہ دار ہوتے ہیں غیر جذباتی اذہان ان اقدار پارینہ کے متحمل کہاں۔ اور پھر بخیل طبائع شعر گوئی میں بھی بخل نہ فرمائیں یہ ممکن کہاں۔ کم بخت زبان سے مبارک باد بھی دیتے ہیں تو ایسے گویا تعزیت فرما رہے ہوں۔ نہ جوش نہ ولولہ نہ خلوص نہ پیار، روکھے الفاظ اور بے جان آواز۔ ہم تو کہتے ہیں کہ غنچہ وہی کہ جس کے چٹکنے کی آواز مرغان چمن کو بیدار کر دے۔ بوسہ وہی کہ جس کی آواز سے خاموش دل دھڑکنے لگیں۔

ھم نے مصطفیٰ ٹیلر سے کہہ دیا ہے کہ آپ اپنی دوکان میں کچھ اس طرح کے سلوگن خوب صورت خط میں لکھوا کر آویزاں کریں مثلاً۔۔۔

ا۔ شیروانی دیدہ زیب ہے آپ کا بدن دیدہ زیب نہیں۔

۲۔ ہم بسیار خوروں کی شیروانی نہیں سیتے۔

۳۔ صاحب توند یہاں تشریف لانے کی زحمت گوارانہ کریں۔

۴۔ ہم پر الزام نہ دھرئے۔ آئینہ آپ پر الزام دھرتا ہے۔

۵۔ آپ خوبرو ہیں تو شیروانی موزوں ہے۔

شیروانی اور چوڑی دار پاجامہ گویالازم و ملزوم ہوتے ہیں۔اوراگر چوڑی دار میں ''چمپا'' کااہتمام رکھا جائے تو اس کی دیدہ زیبی میں چار چاند لگ جاتے ہیں،شرط یہ ہے کہ چوڑی دار پاجامہ اس درجہ چست ہو کہ اس کے پہننے میں شدید تکلف ہو اور وہ بغیر کاغذ یا پلاسٹک کے چڑھنے کا نام ہی نہ لے۔جس درجہ اس کے چڑھنے میں زحمت اٹھائی جائے گی پہننے کے بعد وہ اتنا ہی خوب صورت لگے گا۔مردانہ پاؤں اگر سبک اور موزوں ہو تو کیا کہنے چوڑی دار پاجامہ نہایت جاذب نظر ہوتا ہے لیکن اس کو سمجھنے اور پہننے کے لئے آدمی کا صاحب نظر ہونا بھی ضروری ہے۔جب ہم دلہوں کو ''ڈھیلے چوڑی دار'' میں ملبوس دیکھتے ہیں تو افسوس ہوتا ہے کہ انہوں نے مذاق چوڑی دار کا خون کر دیا ہے۔مہری تنگ ہو گی تو ''چمپا'' پنڈلی پر کھلے گی اور اس کے دل کش نقوش ظاہر ہوں گے ورنہ محض ''طویل سیون'' کہاں دل کش ہوتا ہے۔

شیروانی اور چوڑی دار کے ساتھ پاؤں میں سوائے جڑاوی یا جلسے کے دوسرا جوتا بھلا معلوم نہیں ہوتا پم شو یا ڈوری دار دوسرے نمبر پر آتے ہیں خواہ وہ کتنے ہی قیمتی کیوں نہ ہوں۔تاہم جڑاوی کو شوخ نہیں ہونا چاہیے ورنہ چوڑی دار اور شیروانی کی دیدہ زیبی متاثر ہوسکتی ہے۔اسی طرح سر پر ٹوپی نہ ہو تو شیروانی مزہ نہ دے گی۔شیروانی کے ساتھ سب سے خوب صورت ''دستار'' معلوم ہوتا ہے جس کا کہ فی زمانہ چلن نہیں رہا۔دوسرے نمبر پر رومی ٹوپی پھدنے دار ہوتی ہے۔اگر کشمیری اونچی دیوار کی یا پھر موجودہ دور کی برکاتی بھی پہن لی جائے تو کافی ہے لیکن شیروانی کے ساتھ کپڑے

کی یا قریشہ کی سر پر چپکی ہوئی ٹوپی مناسب معلوم نہیں ہوتی ۔لیڈروں کی بات اور ہے انہیں ہر چیز بھلی معلوم ہوتی ہے ۔شیروانی کے ساتھ جیبی گھڑی شیروانی کے حسن میں چار چاند لگا دیتی ہے۔عہد گزشتہ کے علم بردار حضرات آج بھی شیروانی اور سوٹ کے ساتھ جیبی گھڑی کا استعمال از بس لازم گردانتے ہیں ۔شیروانی گھٹنے سے چھ انگل نیچے ہونی چاہیے۔گھٹنے کو چھوتی ہوئی شیروانی اچھی معلوم نہیں ہوتی۔ ایسا معلوم ہوتا ہے بڑے بھائی نے چھوٹے بھائی سے مانگ کر پہن لی ہے ۔فلم ''آدمی''میں جب دلیپ کمار نے چھوٹے سائز کی شیروانی پہنی تھی تو سب سے زیادہ افسوس ہمیں ہوا تھا۔دلیپ کمار ایک شائستہ طبع آدمی ہیں'' آدمی''میں انہوں نے خدا معلوم کیوں اس طرح کی غیر شائستگی کو برداشت کیا تھا۔

ہم شیروانی کے عاشق زار ہیں اب یہ عشق صادق ہی تو تھا کہ دبیر پورہ کے پاپیا ٹیلر سے عابدس کے رحمٰن ٹیلر تک ،تلک روڈ کے سرتاج سے چھتہ بازار کی سوسائٹی ٹیلرنگ فرم تک نہ جانے کہاں کہاں کی خاک چھانی ،کسی نے ''پردہ''برابر نہ رکھا تو کسی نے بغل چست کر دی۔کسی نے استر کی خوبی سے روگردانی برتی تو کسی نے ابرہ سے بے اعتنائی ۔آہ!ہماری جوانی کسی ماہر درزی کی خدمات کی تلاش میں گزر گئی اور اب جا کے نیم ضعیفی میں مصطفیٰ ٹیلر کا کوچہ دلاویز نصیب ہوا اور ہم شیروانی کا ڈھائی گز کپڑا ہاتھ میں تھامے در خیاط پر آواز لگاتے ہیں کہ''نصیب در پہ تیرے آزمانے آیا ہوں۔میں شیروانی تجھی سے سلانے آیا ہوں''۔ہمارے پاس افسوس کہ ہارمونیم نہیں ورنہ اس گیت کا لطف تو ہارمونیم کے ساتھ آتا ہے شرط یہ ہے کہ ہارمونیم گلے میں آویزاں بھی ہو۔

ویسے ہمیں ٹیلرنگ سے کافی دل چسپی رہی ہے ،ہم اپنے لڑکپن میں سوچا کرتے تھے کہ بڑے ہو کر ہم ''لیڈیز ٹیلر''بنیں گے ۔عموماً مرزا کا یہ شعر قدرے ترمیم سے پڑھا کرتے تھے اور اصلاح مہمل پر خود داد بھی دے لیا کرتے تھے ،ہمارا خیال ہے کہ اگر مرزا خود زندہ ہوتے تو ترمیم

لطیف پر شاید وہ خود بھی داد دیئے بغیر نہ رہتے۔ ہماری اصلاح کے بعد مرزا کا شعر کچھ یوں ہو گیا تھا کہ

سیکھی ہے مہ رخوں کے لئے ہم نے ٹیلرنگ　　تقریب کچھ تو بہر ملاقات چاہیے

ایک دن ہم نے مصطفیٰ ٹیلر سے عرض کیا کہ اگر کوئی صاحب ذوق استاد آپ کی نظر میں ہو تو ارشاد فرمائیں ۔ہم خود بھی خیاطی سیکھنے کے متمنی ہیں ،وظیفے کے بعد کچھ تو سلیقے کا مشغلہ چاہیے۔شکوۂ روزگار کیا کہ خون جگر سے مضامین لکھتے ہیں لیکن دو کوڑی کا فائدہ نہیں ۔اشک ریزی سے شعر کہتے ہیں کوئی داد نہیں ۔کم از کم ٹیلرنگ ہی سیکھ لیں ،لیکن مصطفیٰ ٹیلر نے پتہ نہیں کن اندیشہ ہائے دور و دراز کے سبب انجان ہو جانے ہی میں ہماری اور ہم سے زیادہ اپنی بھلائی محسوس کی اور اس طرح ہمارے دیگر ارمانوں کی طرح ٹیلرنگ سیکھنے کا ارمان بھی پورا نہ ہوا۔

مصطفیٰ ٹیلر دوران گفتگو اپنے ماضی کو یاد کر کے قدرے مغموم ہو گئے ،ان کا ماضی بھی دیگر فن کاروں کی طرح مصائب گوناگوں و آفات بوقلموں سے آراستہ و پیراستہ رہا ہے ۔وہ جراحت حیات کو ٹانکے لگاتے رہے اور تقدیر کی مقراض بھی اپنا کام کرتی رہی۔وہ عزم و استقلال کی سوزن سے زندگی کے چاک سیتے رہے لیکن حادثات نے دامن کے چاک اور گریباں کے چاک میں کوئی فصل رہنے نہ دیا۔وہ دامن دریدہ میں امید کے پیوند لگاتے رہے لیکن آلام کے خاروں نے کھونچ لگانے سے گریز نہ کیا، زندگی گزرتی رہتی ہے اور اس کے گزرنے میں نہ مسرتوں کا دخل ہوتا ہے نہ مصائب کا۔ مصطفیٰ ٹیلر نے زندگی کو جس انداز سے یہاں تک پہنچایا ہے اس کے کرب کا ادراک یا وہ خود جانتے ہیں یا ان کی شریک حیات۔

شب تاریک و بیم موج و گردابی چنیں ہائل　　کجا دانند حال ماسبک ساران ساحل ہا

مصطفیٰ ٹیلر کی پیدائش گو چنگو پہ کی ہے لیکن شیر خوارگی کے زمانے میں جو حیدر آباد میں منھ

دیکھا تو پھر داغ کی طرح یہیں کے ہو رہے ۔ان کی خواہش تھی کہ وہ موٹر میکانک بن جائیں لیکن لوگوں نے اس پیشہ کی اس درجہ برائی کی کہ انہوں نے میکانک بننے کا خیال دل سے نکال دیا اور درزی بن گئے ۔آج ان کی زندگی شرافت کی ڈگر پر اپنے گھر اور اپنے خدا کے گھر کے درمیان ایک سفر ہو کر رہ گئی ہے وہ دکان میں دکھائی دیتے ہیں یا مکان میں یا پھر مسجد میں چوتھی جگہ ان کا نظر آنا خود ان کے خیال میں شاید ممکن نہیں ۔ہم نے پوچھا کہ ان کی شادی کی شیروانی کس نے سی تھی تو انہوں نے نہایت سادگی سے جواب دیا کہ کسی سے مستعار لے کر پہن لی تھی ۔اس بات سے ان کی سچائی اور سادگی ہویدا ہے ۔ویسے کہاں اس دور میں لوگ شادی میں بھی شیروانی سلوانے کے موقف میں ہوا کرتے تھے ۔شیروانی یا تو خاندان کے کسی پرانے ''نوشہ'' سے مستعار لے لی جاتی تھی یا پھر لاڑ بازار (lord- bazar) سے کرایہ پر لے لی جاتی تھی۔ہم نے سوچا کہ بار دیگر ایسا نہیں ہوگا اب تو وہ مرفع الحال ہیں ،لیکن اب وہ شیروانی تو بنا سکتے ہیں لیکن موقعہ شیروانی کہاں سے لائیں ۔اس عہد میں تو روسا و امرا تک دوسری مرتبہ شیروانی پہننے سے گھبرا رہے ہیں تو مصطفیٰ ٹیلر جیسا نہایت شریف النفس اور سلیم الطبع آدمی کہاں اس کوچۂ خاردار میں قدم رکھے گا۔ویسے اگر وہ ارادۂ نیک فرمائیں تو ہم گیارہ شعر کا نذرانہ یعنی ''قطعۂ تاریخ بہارِ دیگر بخدمت مصطفیٰ ٹیلر'' نذر کرنے کے لئے ہمہ وقت تیار ہیں ۔تاہم یہ سن کر بہت خوشی ہوئی کہ مصطفیٰ ٹیلر کی شادی کا خطبہ ہمارے بزرگ دوست شارح مثنوی مولانا رومؒ قاضی سید شاہ اعظم علی صوفی قادری چشتی دامت فیوضہم نے دیا تھا۔

مصطفیٰ ٹیلر اس بات سے خوش نہیں ہیں کہ فی زمانہ لوگ شیروانی کی قدر و منزلت کو نظر انداز کرتے ہوئے اس میں نت نئی چیزیں پیدا کر رہے ہیں ۔یہ نئی خرابیاں شیروانی کی سنجیدگی و صلابت کے مغائر ہے ۔صاحبان ذوق ۔ کے نزدیک شیروانی پر ایک تارا بھی داغ لگتا ہے ۔شیروانی کو خراب کرنے میں سیریلس کا کافی دخل ہے ۔سیریلس میں جو شیروانیاں پہنی جارہی ہیں وہ شیروانی

نہیں بلکہ شیروانی کی شرافت اور وضع داری کا مذاق ہے۔

ٹیلرنگ سے خواتین کا بھی بہت بڑا تعلق ہوتا ہے، ہمارا اعتقاد ہے کہ خواتین کو صرف دو کام آنے چاہییں۔ایک ٹیلرنگ دوسرے پکوان، تیسرے کام کی انہیں حاجت ہی نہیں۔ ہماری تمنا ہے کہ دنیا تمام کی خواتین آرام سے گاؤ تکیہ سے ٹیک لگائے پان دان سامنے رکھے اپنے شوہروں کی کمائی پر عیش فرماتی رہیں۔ویسے بھی نان ونفقہ مرد پر واجب ہے عورت پر نہیں۔حتیٰ این کہ وہ کام بھی جو کاہل اور نالائق مردوں نے اپنی لاعلمی و کج فہمی کے سبب عورتوں کے نازک و شائستہ کندھوں پر ڈال دیا ہے وہ بھی واجب نہیں۔خدا جھوٹ نہ بلوائے ہم نے اساتذۂ فقہ سے یہاں تک سنا ہے کہ اگر بیویاں اپنے شیرخوار بچوں کو دودھ پلانے سے تک انکار کردیں، خواہ یہ انکار سلامتی کمال و تحفظ جمال کے سبب ہی کیوں نہ ہو، تو شیرخوار بچوں کو دودھ دینے کی ذمہ داری شوہروں پر لازم آتی ہے شیردار ماؤں پر نہیں۔ جب فن سلائی سے متعلق بات نکلی ہے تو ہمیں مدرسہ سیتارام پیٹھ کی ایک تجربہ کار اور فعال ٹیچر محترمہ زبیدہ خاتون کی بات یاد آجاتی ہے۔انہوں نے کہا تھا کہ درزی اپنی سوئی کو ٹوپی پر لگاتا ہے اور قینچی کو پاؤں کے نیچے دباتا ہے، پھر اس کی تشریح کی تھی کہ سوئی کا کام جوڑنا ہوتا ہے اس لئے اس کا مقام انسان کے سر پر ہے اور قینچی کا کام کاٹنا ہوتا ہے اس لئے اس کا مقام انسان کے قدموں میں ہوتا ہے۔ہم یہاں سوچتے ہیں کہ کاش ہم بھی لوگوں کو جوڑنے کا کام انجام دیں تاکہ ہمارا مقام بھی بلند ہو۔

تو برائے وصل کردن آمدی　نے برائے فصل کردن آمدی

مصطفیٰ ٹیلر نے اپنی گفتگو کے بین السطور میں اپنے ہمکاروں کو یہ درس دیا ہے کہ کاہلی کو قریب پھٹکنے نہ دیں۔آج کا کام کل پر نہ چھوڑیں، کار مسلسل کو اپنا شیوہ بنائیں۔وعدے کا شدت سے پاس ولحاظ رکھیں۔گویا فلم ''تاج محل'' کا یہ گیت ہردم گنگناتے رہیں ''جو وعدہ کیا وہ نبھانا پڑے

گا'' گاہک کی خواہشات کا احترام کریں۔ایسا نہیں کہ گاہک نے سات بٹن لگانے کی فرمائش کی اور آپ چھ بٹن ٹانگ کر شیروانی کو ایک بٹن سے محروم اور صاحب شیروان کو ایک بٹن سے مغموم کردیں۔واجبی دام اور من موہ کام کو یاد رکھیں ،بچا ہوا کپڑا ایک بالشت ہی کیوں نہ ہو واپس کردیں۔اس بات کو یاد رکھا جائے کہ کپڑے کے سل جانے کے بعد مداوئے عیب کی کوئی گنجائش باقی نہیں رہتی اس لیے عدم طمانیت کا غم خود پیرہن کے پھٹنے تک برقرار رہتا ہے۔اور جب جب دکھ سے بندہ دوچار ہوتا ہے خواہ دل پیمانۂ صبر ہی کیوں نہ نوش کرے آہ سرد تو لب گریاں سے نکل ہی جاتی ہے۔

بترس از آہ مظلوماں کہ ہنگام دعا کردن اجابت از در حق بہر استقبال می آید

ہم خوش پوشی کو خود اپنی مرضی پر منحصر گردانتے ہیں' سعدی نے تو ''در عمل کوش ہرچہ خواہی پوش'' فرما کر آرزوئے خوش پوشی میں چار چاند لگادیے ہیں۔ چنانچہ ہماری خواہشات کی عدم تکمیل کے سبب درزیوں سے ہمارے جھگڑے بھی بہت مشہور ہیں' جب جوان تھے تو خود نمائی بام عروج پر پہنچی ہوئی تھی' سیون اگر تیڑھا ہوجاتا تو جبین ناز پر شکن ابھر آتی تھی' آستین کی تر پی اگر ظہور پذیر ہوتی تو خون کھولنے لگتا تھا۔گا جے گنڈی سے بڑے ہوجاتے تو ہم آپے سے باہر ہوجاتے تھے' چپے کی نزاکت میں اگر فرق آجاتا تو ہماری شائستہ گفتگو میں تفریق پیدا ہوجاتی تھی۔ہائے! جوانی کیا رخصت ہوئی خوش پوشی کا جنون بھی جاتا رہا۔ تاہم اب ہمیں یہ احساس ہوگیا کہ خامہ رواں سے سوزن دواں کا کوئی تعلق نہیں۔

مصطفیٰ ٹیلر کو ہم نے کار مسلسل میں مشغول ومصروف پایا ہے وہ از صبح تا شام بلکہ رات دیر گئے تک مور عازم کیطرح مسلسل کام کرتے رہتے ہیں۔چنانچہ ہم نے جب ان سے گفتگو کرنی چاہی تو ہمیں اپنی بے پناہ مصروفیت کے سبب ٹالا کئے آخرش ہم نے انہیں جا ہی لیا۔بات دراصل یہ ہے

کہ ہم فن کاروں کے سچے قدر داں ہیں ہمیں اس سے غرض نہیں کہ وہ موسیقار ہے یا اداکار، شاعر ہے یا ادیب، رقاص ہے یا شہنائی نواز، مزاح نگار ہے یا قلم کار، مصور ہے یا نقاش۔ جس میں جو کمال دیکھتے ہیں اس کمال کو دستِ کمال سے منسوب دیکھتے ہیں، ہماری نظر طاقِ عطیہ سے ہوتی ہوئی کاخِ معطی تک جا پہنچی ہے۔ اس طرح ہم ہر مدح کو مدحِ حق سے تعبیر کرلیا کرتے ہیں۔

مصطفیٰ ٹیلر کی سلوائی کی خوبی یہ ہے کہ وہ پردوں کا بڑا خیال رکھتے ہیں کیا مجال جو پردہ کسی جانب کھسک جائے۔ وہ شیروانی کے دامن کے دونوں پردوں کو برابر رکھتے ہیں۔ شیروانی کے پردے ہوں کہ پردوں میں چھپی شیروانیاں برابر، برابر ہونا چاہیے۔ قدرے تفریق پر مائل اشیا چشم بینا کے لئے عذاب بن جاتی ہیں۔ خدا نے انسان کو جو دو دو عطا فرمائے ہیں کیا مجال جو ان میں تفریق و تفاوت پایا جائے۔ مینا بدوش ہاتھوں میں جو ساغر ہوں تو ہر دو برابر ہوں، ورنہ مے کش یہ کہتے ہوئے میکدے سے نکل جاتا ہے کہ "ساغر کو میرے ہاتھ سے لینا کہ چلا میں"۔ جب ایک حسین چہرے پر دو خوب صورت آنکھیں دکھائی دیتی ہیں تو اپنی آنکھوں سے ان آنکھوں کو دیکھنے والا یہی تو کہہ اٹھتا ہے "تیری آنکھوں کے سوا دنیا میں رکھا کیا ہے" اور جب ہم مصطفیٰ خیاط کی دیدہ زیب شیروانی دیکھتے ہیں تو یہی کہہ اٹھتے ہیں "شیروانی کے سوا دنیا میں رکھا کیا ہے"۔ ہاں مردان ذی مرتبت کے زیور مردانگی کی بات اور ہے ان کا برابر نہ ہونا ہی نقشِ جمال اور تصویرِ حسن ہے۔ گردونِ بیکراں پر چاند سورج برابر نہیں ہوتے سورج بڑا اور چاند چھوٹا ہوتا ہے اور اسی کو جمالِ فلک کہتے ہیں۔ خواتین اپنے سونے چاندی کے جھمکوں پر نہ اترائیں، خدا نے مردوں کو وہ دیدہ زیب زیور عطا فرمائے ہیں کہ ایک عالم اس کے زیرِ سایہ جھوم رہا ہے۔ عقلا اس زیور کو دلِ دردمند کہتے ہیں۔ جو دردمندوں کے سینے میں مدام دھڑکتا رہتا ہے۔ تفریق و تفاوت بھی ایک حسن ہے، خدا پنج انگشت یکساں نہ کرد، انگلیوں کا تفاوت ہی انگلیوں کا حسن قرار پاتا ہے۔ خواتین گو پیچ کی

ہم آزاد ہیں (انشائیے) 38 ڈاکٹر سید عباس متقی

رنگ اور مردوں کی ٹیڑھی مانگ ہی بھلی معلوم ہوتی ہے۔خدا نے مسجود ملائک کو دوشش کے ساتھ ایک دل اور دو گردوں کے ساتھ ایک ہی جگر عطا فرمایا ہے اور یہی سینہ انسانی کا جمال بلکہ کمال ہے ۔خدا نے ہر شے کو بہ صد کمال اور بہ صد جمال تخلیق فرمایا ہے۔یہی تو سوچ سوچ کر روح انسانی کلمہ تخلیق دہراتی ہے "لقد خلقنا الانسان فی احسن تقویم"۔یہ راز ہائے جمال ہے،اور جمال سے آشنائی کے لئے دیدہ بینا مطلوب ہوتا ہے ورنہ جو روپیہ گننے میں مشغول اور انہیں سنبھال کر رکھنے میں مصروف رہتے ہیں وہ کہاں ان جمالیات سے محظوظ ہو سکتے ہیں آخرش وہ یہہ کہہ کر دنیائے خوش رنگ سے گزر جاتے ہیں

سرسری ہم جہان سے گزرے ورنہ ہر جا جہان دیگر تھا

مصطفیٰ ٹیلر قدرے تنک آدمی بھی واقع ہوئے ہیں۔عظیم فن کاروں کی طرح بہت جلد خفا ہو جاتے ہیں۔ایک دن ہماری شیروانی میں ہماری مرضی کے بغیر چھ بٹن ٹانک دیئے۔ہم نے اعتراض کیا تو کہنے لگے سارا شہر چھ بٹن لگاتا ہے،ہم نے کہا ہم ذرا شہر سے ہٹ کر ہیں،لوگ فارسی نہیں سمجھتے اور ہم فارسی میں شعر کہتے ہیں۔لوگ رشوت کی زبان سمجھتے ہیں اور ہم اپنے فن کی داد چاہتے ہیں۔لوگ ایک گھوڑے کو قابو میں نہیں رکھتے اور ہم "بن ہر" کے ہیرو بنے چار گھوڑوں کے رتھ میں سوار ہوتے ہیں۔ ہماری یہ بڑ مصطفیٰ ٹیلر کے کیا پلے پڑے گی ،کہنے لگے ٹھیک ہے میں ساتواں بٹن نیچے ٹانک دیتا ہوں۔ہم نے کہا اس سے کاجوں کے درمیانی طوالت کے حسن کا خون ہو جائے گا اور یہ لطافتِ جمال کے مغائر ہے۔اب اسے چھ بٹنوں ہی پر اکتفا کر لینے دیجیے،ویسے شیروانی سات بٹنوں والی ہی خوب صورت معلوم ہوتی ہے ،اور یوں بھی ہم طاق کے شیدائی ہیں ،جفت ذرا کم ہی پسند کرتے ہیں۔اپنا گھر تو کجا اپنے خدا کا گھر بھی تعمیر کرتے ہیں تو مسجد کی کمانیں طاق ہی رکھتے ہیں ہم نے جفت کمانوں والی مسجد دیکھی ہی نہیں ،اب اگر کوئی طاق کے لزوم کو

بدعت خیال کرے تو ہم کوئی قاسم جمال نہیں۔موصوف قدرے کھرے اور سیدھے آدمی واقع ہوئے ہیں ہر سال جب بھی وہ مناسب سمجھتے ہیں شیر دانی کی سلوائی میں اضافہ فرمادیتے ہیں، ہم کہتے ہیں کہ مصطفیٰ بھائی! ہم ایک غریب آدمی ہیں اور آپ کے پرانے گاہک! کچھ رعایت فرمائیے! ان کا دل نرم پڑجاتا ہے اور چہرے پر ایک معنی خیز تبسم دوڑ جاتا ہے۔گویا کہہ رہے ہوں سال میں دو تین شیر دانیاں سلوانے والا آدمی غریب ہو کیسے سکتا ہے؟۔اور ہم سوچتے ہیں کہ وہ غلط سوچ رہے ہیں عطاو فضل کو آمدنی سے کوئی تعلق نہیں ہوتا۔''ہر چہ آید بے طلب دادِ خداست''۔پھر وہ کہہ اٹھتے ہیں اچھا سو روپیہ کم دے دیجیے۔اور ہم خوش ہو جاتے ہیں کہ چلیئے سودا پھر ''ہزار'' پر طے ہو گیا۔

ہم خدا سے دعا کرتے ہیں کہ خدا انہیں سلامت رکھے اور ہم ان کی خدمات سے مستفید ہوتے رہیں۔

ہم آزاد ہیں

سنتے ہیں کہ ہندوستان کو آزادی آدھی رات کو ملی تھی شائد یہی وجہ ہو کہ ملک پر آج تک تاریکی چھائی ہوئی ہے۔احمقوں نے شگون لیا تھا اور عقلا آج تک اس شگون بد کی پرسیاہ چھائیوں کو نصف صدی سے جھیل رہے ہیں ۔ درآنحالیکہ کہ ملک کے نامور نیتاؤں اور دیانت دار رہنماؤں نے اس ملک میں نیا سورج اگانے اور نئی روشنی لانے کی بھر پور کوشش ضرور کی لیکن کیا کیا جائے چند بد بختوں نے جو برا شگون لیا تھا اس شگون بد کے طفیل لاکھ پر خلوص جتن کرنے کے باوجود کماھقہٗ ترقی کے آثار نظر نہیں آتے ۔وہی افرا تفری ،وہی افلاس و غربت اور وہی بے اعتدالی جو کہ آزادی سے پہلے تھی ہنوز برقرار ہے بلکہ اگر یہ کہا جائے نامناسب نہ ہوگا کہ اس گدلے پانی میں کچھ اور گندگی شامل ہو گئی ہے۔پہلے اس پانی میں دیکھنے سے کچھ دھندلی سی صورت دکھائی ضرور دے جاتی تھی اب تو یہ عالم ہے کہ کوئی صورت نظر نہیں آتی ،اس گدلے پانی میں جن صورتوں کے نقوشِ مکردہ نظر آتے ہیں انہیں کسی صورت انسانی صورت نہیں کہا جاسکتا۔کوئی آدمی سچے دل سے یہ ماننے تیار ہی نہیں کہ حقیقت میں ہم آزاد ہو چکے ہیں۔ہماری معیشت آزاد ہے، ہمارا ملک آزاد ہے اور ہمارے ملک کا یکتائے دوراں قانون آزاد ہے۔ہاں !اسی شگون بد کا نتیجہ بد ہے کہ قانون کے رکھوالے رشوت لیتے ہوئے رنگے ہاتھوں گرفتار ہوتے ہیں اس سے ہماری آزادی میں

کیا فرق پڑتا ہے، پھر بھی ہمارے ملک کا قانون آزاد ہے۔اب یہی دیکھیے، ہندوستانی ڈاکٹرس اس ملک میں خدمت کا حلف لے کر گردے چراتے ہیں اور ضرورت مندوں کو بیچ کر پاش علاقوں میں گھر بناتے ہیں۔کیا دل گردہ ہے، جتنے گردے بیچتے جاتے ہیں گھر کی منزلیں اونچی ہوتی جاتی ہیں۔اس سے ہماری آزادی میں کوئی فرق نہیں پڑتا ہاں اتنا ضرور ہے کہ آزادی سے پہلے لوگوں کو اس قسم کی آزادی کہاں حاصل تھی۔بعض نادان لوگ جن کی نگاہ دور بین شگون بد پر نہیں ہوتی وہ برے لوگوں کو برا بھلا کہتے ہیں اور کہتے ہیں کہ ہمارا ملک کیا خاک آزاد ہے، جس ملک میں قاتل، لٹیرے، بدمعاش، لفنگے، اچکے، بم بردار آزادی سے گھومتے ہوں ہم کس منہ سے کہ سکتے ہیں کہ ہمارے ملک کا قانون آزاد ہے۔روز اخبار میں کچھ ایسی خبریں شائع ہوتی ہیں جو ہمیں یہ سوچنے پر مجبور کر دیتی ہیں کہ ملک آزاد ضرور ہو گیا ہے لیکن ہم ہنوز قید میں ہیں، بعض وقت تو یہ احساس جاگنے لگتا ہے کہ ہم کل جن اشخاص کی قید میں تھے انہیں انسان کہا جاسکتا تھا۔اب یہی دیکھیے محکمہ پولیس تو اس درجہ بدنام ہو چکا ہے کہ یہاں اشرفی لٹانے والے اشراف اور جن کے ہاں اشرفی نہیں وہ اشرار گنے جاتے ہیں۔ہم جب بھی کسی پولیس تھانے کے سامنے سے گزرتے ہیں تو پہلے آیت الکرسی پڑھتے ہیں پھر قدم بڑھاتے ہیں مبادا کسی جرم کے بغیر ہی دھر نہ لئے جائیں۔پولیس کا کیا بھروسہ پہلے گولی مارتی ہے پھر معافی چاہتی ہے۔ہم کسی کو کوئی الزام نہیں دیتے، ہم تو یہی سمجھتے ہیں کہ یہ وہی بد شگونی کا نتیجہ ہے۔لوگ کہتے ہیں کہ اس محکمہ میں صبح سے شام تک روپے گنے جاتے ہیں اور آزادی سے منصفانہ طور پر معمول کی تقسیم عمل میں آتی ہے۔ہم کہتے ہیں کہ کیا یہ کم آزادی ہے کہ پولیس والے آپس میں رشوت کے معاملے میں کبھی جھگڑتے نہیں دیکھے جاتے۔جب محکمۂ پولیس کے سر سے تاج نحوست اترے گا ہم سمجھیں گے کہ ملک نے تاج عظمت پہن لیا ہے۔محکمہ پولیس سماج کے ریڑھ کی ہڈی ہوتا ہے اگر یہی کینسر زدہ ہو تو سماج کا اپنے پاؤں پر کھڑا ہونا محض ایک خواب ہے۔

آزادی کے بعد پچاس سالوں کا جب ہم جائزہ لیتے ہیں تو معلوم ہوتا ہیکہ محکمہ بلدیہ بھی نیک نام محکمہ قرار نہیں دیا جاسکا۔عموماً یہاں کے عہدہ دار رشوت کی بنیادوں پر بڑی بڑی عمارتیں تعمیر کرتے ہیں اور معصوم افراد کی چھینی ہوئی زمین پر بے تاج بادشاہان وقت اپنے کاخ وقصور تعمیر کرتے ہیں اور ان محلات کے آس پاس کوئی ضعیف بڑھیا آہ بھرتی نظر آتی ہے اس کے پاس روٹی کھانے کو روپیہ نہیں مقدمہ لڑنے روپیہ کہاں سے لائے گی ۔ہاں وہ آزاد ملک کی ایک آزاد بڑھیا ہے وہ آزادی سے فریاد کرسکتی ہے،البتہ آزاد ملک میں اس کی فریاد کون سنے گا،آزادی کے بعد حکام بہرے ہو چکے ہیں،غریب قانون تو روز ازل سے اندھا ہے۔

افسوس تو محکمہ تعلیم پر ہے جہاں آزادی کے بعد نہایت آزادانہ طور پر غیر موزوں روش پر لوگ چل ہی نہیں بلکہ دوڑ رہے ہیں ۔جامعات جو روشنی کے مینار گردانے جاتے ہیں ،تاریک دلوں کی آماج گاہیں بنتی جارہی ہیں ۔جہاں عدل وانصاف کے سورج طلوع ہوا کرتے تھے تاریکیاں اپنا سر ابھار رہی ہیں ۔جب ہم سنتے ہیں کہ فلاں بدکردار مقتدر نے لاکھوں کی رشوت لے کر نا اہل کو منصب تدریس وتعلیم پر فائز کیا ہے اور اہل امیدوار ہاتھ ملتے بلکہ پاؤں رگڑتے رہ گئے ہیں تو اس منظر کو دیکھ کر یہ احساس ہوتا ہے کہ ملک آزاد ضرور ہوگیا لیکن ہم ابھی قید کم ظرفی میں گرفتار ہیں ۔شاید یہ شب اول لی گئی بدشگونی کا نتیجہ ہی ہو لیکن یہ نتائج ہیں نہایت روح فرسا اور جاں سوز ۔کون ہے جو ہماری جامعات کو طوق نا انصافی سے نجات دلا سکے۔ارباب مجاز میں اتنی غیرت تک نہیں کہ یہ دریافت کرے کہ مظلوم افراد کو شکایت کیا ہے۔ہم نے تو صفحات کے صفحات لکھ چھوڑے ہیں کہ کوئی لب کشائی کی اجازت دے کہ غبار خاطر سے سینہ خوں چکاں لبریز ہے۔آزاد ملک کے ان آزاد افراد میں جو ان اشخاص کے نام بھی ہیں جو سماج میں عزیز ہی گردانے نہیں جاتے ہیں بلکہ دین وملت کی تنویر سمجھے جاتے ہیں جن کی فکر احساس کی بلندیوں سے آگے ہے،جن کے انوار سے دیار علم

دفن روشن ہے ۔آزادی سے پہلے جامعات لائق امیدوار کا انتخاب کرتی تھیں ۔آزادی کے بعد جامعات ''اپنے'' امیدوار کا انتخاب کرتی ہیں اور سلسلہ انتخاب میں کسی سازش کو فروگزاشت نہیں کرتیں۔ہم تو کہتے ہیں کہ سازشی افراد قتل کرنے سے گریز کرتے ہیں یہی آزاد بھارت میں کانی د شانی ہے۔ملک آزاد کیا ہوا قفلِ حق کی کنجی کھو گئی اب گنجینۂ عدل محرِ اس استبداد ہے ۔جب کوئی بلند ہوتا ہے تو فرعون کے کان کاٹتا ہے، جواد نچائی پر پہنچتا ہے ہامان کا استاد ہوتا ہے ۔جسے منزل ملی وہ نمرود ہو گیا جو کرسی پر براجمان ہوا شیطان گردانا گیا لیکن ملک آزاد ہے، ملک کی آزادی پر کوئی حرف نہیں ۔جس شخص کی رگوں میں خون جراءت رواں ہے اسے خون کرنا روا ہے۔ملک آزاد ہو گیا ہے اب ہم آزادی کے ساتھ اپنے ملک کو قعرِ مزلت تک پہنچانے کی سعی مشکور کر سکتے ہیں۔اب یہ ملک کی آزادی نہیں تو کیا ہے کہ ملک کے دارالخلافے میں دوڑتی بس میں شیاطین اپنے نفس کے گھوڑے دوڑانے میں کامیاب ہوتے ہیں۔ملک کی راج دھانی آزاد ہے لوگ آزادی سے اپنے گمراہ اور مکروہ کھیل آزادی سے کھیل سکتے ہیں۔

آج بھی ان شریف زادوں کو دو وقت کی روٹی اور دو وقت کی چائے آزادی سے مہیا ہے ۔ملک آزاد ہے ان افراد کو ایک نہ ایک دن قرار واقعی سزا ہو گی لیکن

ہم نے مانا کہ تغافل نہ کرو گے لیکن　　خاک ہو جائیں گے ہم تم کو خبر ہونے تک

بھیڑیئے چین کا سانس لے رہے ہیں اور تان کے سو رہے ہیں۔مظلوم لڑکی کی راکھ چیخ رہی ہے کہ اے آزاد ملک کے آزاد باسیو! کیا وہ تمام شمعیں بجھ گئیں جنھیں سارے ملک نے روشن کیا تھا، کیا وہ تمام دل خاموش ہو گئے جنہوں نے میری حالت زار پر دھڑکنا سیکھا تھا ۔کیا ان آنہوں نے چپ سادھ لیا جو کئی سینوں میں اٹھ اٹھ کر ''ہمیں انصاف چاہیے'' کے نعرے لگائے تھے ۔کیا وہ آنکھیں بند ہو گئیں جنہوں نے میری مظلومیت پر خون بہائی تھیں ۔کوئی جواب نہیں ، ملک

آزاد ہے اور آزاد ملک کا قانون اپنا کام کر رہا ہے اور دنیا جانتی ہے کہ قانون کی رفتار رفتارِ مور سے کچھ تیز نہیں ہوتی۔

آزاد ہندوستان میں تین قسم کے لوگ آباد ہیں ایک غریب دوسرے امیر تیسرے لیڈرس ۔غریب افراد امیر ہو سکتے ہیں، امیر افراد غریب لیکن لیڈرس صرف امیر ہوتے ہیں اور سلسلہ وار امیر ہوتے رہتے ہیں۔ ہمیں اس موقع پر راجندر پرشاد یاد آتے ہیں جب ان موت کے بعد ان کا کھاتا دیکھا گیا تو اس میں پانچ سو روپے بھی نہیں تھے۔ اور آج کے لیڈرس ہیں کہ جب ان کی موت کے بعد ان کا کھاتا دیکھا جاتا ہے تو پھر کسی اور کا کھاتا دیکھنے کی ہمت نہیں ہوتی۔ مال کروڑوں میں نہیں اربوں میں ہوتا ہے۔

آزاد ہندوستان میں آج بھی کچرا چننے والے پھینکی ہوی بریانی پر کتوں کے ساتھ ٹوٹ پڑتے ہیں اور کتے انہیں شکست فاش دے کر اپنے کتا ہونے کا ثبوت دیتے ہیں۔ جب انسان کو ہم کتوں سے نبرد آزما دیکھتے ہیں تو ہمیں باپو یاد آتے ہیں جنہوں نے آزادی کے بعد خوش حال ہندوستان کا خواب دیکھا تھا۔ جب بموں کے پھٹنے سے لوگ مرتے ہیں تو ہمیں پنڈت نہرو یاد آتے ہیں جنہوں نے ہندوستان کی ترقی کے خواب دیکھے تھے۔ آزادی کے بعد روز افزوں آسمان کو چھوتی ہوئی ''فیس'' کو دیکھتے ہیں تو ہمیں مولانا آزاد یاد آتے ہیں جنہوں نے تعلیم کو اس ملک کی تقدیر کا نشان اول قرار دیا تھا۔ آزاد ہندوستان میں مخلص رہنماؤں کی ضرورت ہے جو اپنا گھر نہ بھریں بلکہ لوگوں کی جھولیاں بھریں، پہلے خدمت کا جذبہ ہوتا تھا اب دولت کا ''ہوکا'' ہے دل سے خدمت رخصت ہوگئی اب دل میں دولت رہ گئی ہے۔ پتا نہیں آزاد ہندوستان میں ہندوستانیوں کی آزادی کا سورج کبھی طلوع بھی ہوگا یا یہ شب دیجور تا صبح قیامت قائم رہے گی۔

کارنامۂ حیات ایوارڈ

آج ہمیں اس بات کا یقین ہوگیا کہ یاوہ گوئی بھی باعث افتخار ہوتی ہے اور قامہ فرسائی بھی وجہ اعزاز۔ واقعہ یہ ہے کہ ہیچ مداں اس لائق ہی نہ تھا کہ اُسے، ایسے عظیم اعزاز ''کارنامۂ حیات ایورڈ'' سے متصف کیا جائے ،لیکن کیا کیا جائے کہ "کبرنا موت الکبرا" کے مصداق جب افقِ بے کراں سے مہر و ماہ رخصت ہو جاتے ہیں تو دور کہیں ٹمٹماتے ستاروں کی بن آتی ہے اور جب افتخار کی مسندوں سے لعل و گہر مرخص ہوتے ہیں تو چھوٹے نگینوں کا مقدر جاگ اُٹھتا ہے اور ہم جیسے نا اہل و نابکار کو ایسے عظیم المرتبت اعزاز سے نوازا جاتا ہے۔تاہم ایسے پر مسرّت اور حیرت زا واقعہ پر اعزاز یافتگان کا فرض بنتا ہے کہ اپنے کرم فرماؤں کا صدق دل سے شکریہ ادا کریں اور ان مہربانوں کی خدمت میں ہدیہ تشکر بجالایا جائے جنھوں نے اپنی مہربانی سے ذرہ بے دام کو مہر درخشاں بنادیا۔

ہم اردو اکیڈمی آندھرا پردیش کے بے انتہا شکر گزار ہیں کہ ہمیں اس عظیم المرتبت اعزاز کے ساتھ ایک قیمتی شال ، ایک دیدہ زیب مومنٹو ، ایک خوش خط و خوش رنگ سند کے علاوہ ایک خواب آور و معتد بہ رقم مبلغ پچیس ہزار سکہ رائج الوقت عطا فرمائی یہ اور بات ہیکہ اس رقم کو ہم نے دوسرے ہی دن ان مہربان دوستوں میں تقسیم کردی جن سے قرض لے کر ہم نے اپنے بوسیدہ مکان کی شکستہ چھت بنوائی تھی اور یہ مایہ ناز قلم کار جس کے کانوں میں ابھی تک ''مبارک ہو''، بہت، بہت

مبارک ہو، کارنامہ حیات مبارک ہو اور پچیس ہزار کی یہ غیر معمولی رقم مبارک ہو'' کی صدائیں گونج رہی تھیں، پھر'' چھابو کا چھابو'' رہ گیا۔ ہمارا ناقص خیال ہے کہ کارنامہ حیات کی رقم پچیس لاکھ ہونی چاہیے تھی تا کہ ایک ادیب صد غریب اپنی زندگی میں ایک مکان تو خرید سکے۔ جب ایک معمولی اور جاہل اداکار کو ایک فلم کے لئے پچیس کروڑ عطا کئے جاسکتے ہیں تو ایک غیر معمولی اور دانشور (معاف کیجیے ہم یہ الفاظ اپنے لئے نہیں بلکہ دیگر ایوارڈ یافتہ گان کے لئے کہہ رہے ہیں) ادیب کو کیوں نہیں ؟لیکن دامن اردو میں اتنی گنجائش کہاں کہ اس زبان کی'' تاحیات'' خدمت گزاروں کو اتنی رقم دی جائے کہ وہ کارنامہ حیات ایوارڈ ملنے کے بعد اپنی حیات کے آخری ایام کے لئے ایک'' چہار دیوری'' تو کم از کم تعمیر کر سکیں۔ ویسے ہم خود کو ان جہاں دیدہ افراد میں شامل نہیں سمجھتے۔ کل ہی کی تو بات تھی کہ ہم نے آمد آیا اور رفت گیا کی ابتدا کی تھی اور آج یہ کارنامہ ایوارڈ۔ کہیں ایسا تو نہیں کہ اردو اکیڈمی کے ارباب مجاز واقعی دنیا کو دوروزہ تو نہیں سمجھتے۔ اگر وہ دنیا کو دوروزہ سمجھتے ہیں تو ہمیں کوئی اعتراض نہیں لیکن ہمیں یہ معلوم نہ تھا کہ وہ ہمیں اتنا ضعیف بھی سمجھتے ہیں کہ ہمارے ہاتھ میں کارنامہ حیات کی سند تھمادی گویا کہہ رہے ہوں کہ حضرت ! ''بس ہو چکی نماز مصلّی اُٹھائیے''۔ جناب ! ہم مایہ افتخار شاعر حضرت حفیظ جالندھری کی نظم مایہ افتخار مغنیہ ملکہ پکھراج کی زبانِ عسل آثار سے روز سنتے ہیں کہ'' ابھی تو میں جوان ہوں، ابھی تو میں جوان ہوں''۔ اور جتنا سنتے جاتے ہیں اُتنا ہی سر بھی دھنتے جاتے ہیں۔ لیکن اس کو کیا کیا جائے کہ کارنامہ حیات ایوارڈ ملنے کے بعد لوگ شدت سے ہمیں ضعیف سمجھنے لگے ہیں۔ حد تو یہ ہوئی کہ شبنم نے بھی ہمیں اپنے ضعفِ اعتقاد کے سبب ضعیف سمجھ لیا اور یوں مبارک دی کہ حضرت! کارنامہ حیات مبارک ہو! ہم نے پہلی دفعہ جو اس کے لب شیریں سے ان حرف تلخ'' حضرت'' سنا روح کی گہرائیوں میں یہ لفظ مانند خنجر آب دار اتر گیا۔ آنکھوں میں اندھیرا چھا گیا اور ہاتھوں سے طوطے ہی نہیں پورا چڑیا گھر اڑ گیا

جن میں وہ مبارک و مسعود کبوتر بھی تھے جو فضائے خواب میں شبنم تک نامہ و پیام لے جایا اور لے آیا کرتے تھے۔ ہمیں افسوس ہوا کہ بلا وجہ ہم نے اس ایوارڈ کو قبول فرمایا کہیں اس بھول فرمانے کے طفیل ہم شبنم کے تئیں ایجاب و قبول سے محروم نہ رہ جائیں۔ شبنم نے اسی پر بس نہیں کیا بلکہ کہنے لگیں ،آپ جانتے ہیں کہ کارنامہ حیات کن اشخاص کو ملتا ہے؟ ہم نے کہا کن اشخاص کو؟ کہنے لگیں کہ قبلہ! جن لوگوں سے متعلق یہ شدت سے سمجھ لیا جاتا ہیکہ اب وہ حیات کے اختتامی مراحل پر ہیں اور آگے ان سے اب کسی اور کارنامے کی کوئی امید نہیں! ہم چونک پڑے کہ کہیں واقعی شبنم نے ہمیں ضعیف نہ سمجھ لیا ہو۔ نہایت افسوس ہوا کہ بلا وجہ اردو اکیڈمی نے ہمیں کارنامہ حیات کا ایوارڈ عطا فرما کر ضعیفوں میں بٹھا دیا ہے۔ حد ہو گئی شبنم نے ہمیں ''قبلہ'' کہہ دیا۔ ہم شبنم کے والد بزرگوار کو تک ''قبلہ'' کہنے سے گریز کرتے ہیں کہ کہیں وہ خود کو ضعیف سمجھنے کی غلطی نہ کر بیٹھیں اور عقد ثانی کے ارادے کو بار دیگر نہ ملتوی ،اور شبنم ہے کہ ہمیں قبلہ کہہ رہی ہیں۔ قبلہ! ہم تو اس شخص کو بھی قبلہ نہ کہیں جس کے پاؤں قبلے کی طرف کرنے کا وقت آ گیا ہو۔ بھلا ہو اس کارنامہ حیات کا شبنم ہے کہ ہمیں قبلہ فرما رہی ہیں۔ ہم ڈاکٹر صاحب جیسا قدرے ضعف نما سابقہ ہی اپنے نام کے ساتھ بڑی مشکل سے گوارا کرتے ہیں۔ شبنم بڑی شریر واقع ہوئی ہیں ایک دفعہ ہم نے نہایت رومانٹک موڈ میں کہا تھا، کہا کیا تھا گزارش کی تھی کہ ہمارا نام سیدھا سادا عباس ہے تم ہمیں عباس کہہ لو، کہنے لگیں اگر عباس کو مخفف کر کے ''ابو'' کہہ لوں تو! یہ سن کر تو ہم اپنا خالی سر پکڑ کر بیٹھ گئے اور شبنم کے لطیف و معنی خیز قہقہوں سے فضا مسحور ہو گئی۔ شبنم نے پھر ہمیں چھیڑا قبلہ! آپ خوش بخت آدمی ہیں کہ اس ایوارڈ کو لینے کے لئے اپنے پیروں سے چل کر اسٹیج پر پہنچے ہیں، عموماً لوگ دوسروں کے سہارے اسٹیج پر پہنچتے ہیں اور تھوڑے ہی دنوں بعد کسی کے سہارا لئے بغیر اوپر پہنچ جاتے ہیں۔ افسوس! شبنم نے ایسا کہہ کر ہمیں موت کی یاد دلا دی، انا للہ ''ہر سخن موقع و ہر نکتہ مقامی دارد'' آہ! کہیں وہ واقعی ہمیں ضعیف جان

کر اپنے وعدے سے نہ پھر جائے ،اگر اس نے آنکھیں پھیر لیں تو ہم تھرتھراتی آواز میں یہ گیت گاتے رہ جائیں گے ''جائیں تو جائیں کہاں''۔اگر ایسا واقعی ہو تو ہم اردو اکیڈمی کو کبھی معاف نہیں کریں گے کہ اس نے ہماری پاک اور سچی محبت میں اردو کی ٹانگ اڑادی اور ایک ضعیف آدمی کو (معاف کیجیے یہ لفظ غلطی سے ہماری زبان سے نکل گیا ہے)اوندھے منھ گرادیا جو ابھی ابھی محبت کی ابتدائی منزلیں جھیل رہا تھا۔دنیا کی ہمیں کوئی پرواہ نہیں دنیا ہمیں لاکھ نامبارک الفاظ سے یاد کرلے ،ہمیں بوڑھا،ضعیف بلکہ کھوسٹ ہی کیوں نہ کہہ لے،ہمیں کوئی پرواہ نہیں لیکن ہم شبنم کے لب گل گوں سے اس قسم کے غیر شائستہ الفاظ نہیں سن سکتے ۔وہ تو شبنم کا ڈاکٹر صاحب کہنا گوارا کرلیا تھا کہ ڈاکٹر ہونا آدمی کے ضعف عمر پر ہرگز دال نہیں ۔علامہ اقبال بھی تو عین شباب میں ڈاکٹر ہو گئے تھے ۔ماشاء اللہ ہماری عمر ہی کیا ہے!ابھی تو کھیلنے کودنے کے دن آئے ہیں ۔پرسوں ہی پڑوسی کی چھت پر پتنگ پلار ہے تھے۔کمبخت دبا کے کھینچ جو ماری پیچھے لڑھک گئے ،دوستوں نے تھام لیا ورنہ دیوار سے نیچے گر گئے ہوتے ۔عموماً لوگ جب دیوار سے نیچے گرتے ہیں تو اوپر چلے جاتے ہیں ،ویسے ہمیں دیوار سے گرنا عزیز ہے لیکن کسی کی آنکھ سے گرنا عزیز نہیں اور غضب خدا کا اردو اکیڈمی نے یہ ایوارڈ دے کر ہمیں شبنم کی آنکھوں سے گرادیا۔یادش بخیر! جب شبنم نے ہماری ایک فارسی نظم کی اردو میں تعریف کی تھی تو ہم فارسی کے علاوہ اردو میں بھی خوش ہو گئے تھے ۔جب شبنم نے اپنے لب مئے گوں سے تعریف کررہی تھیں تو ہم موصوفہ کے لفظوں کو سن کم لبوں کو دیکھ زیادہ رہے تھے ۔ہم اپنی مدح سنتے کہاں ہیں مداح کو دیکھتے ہیں ۔اس کی تعریف کرنے کا انداز بھی جدا ہے پہلے قہقہے بکھیرتی ہے پھر لفظ اور ہم ہیں کہ اس کے کھنکتے قہقہوں کی بازگشت میں کچھ ایسے کھو جاتے ہیں کہ ''سنتا نہیں ہوں بات مکرر کہے بغیر'' والا معاملہ ہو جاتا ہے۔ویسے عقل مندوں نے اپنی تعریف سننے سے منع بھی تو کیا ہے اور ہم ایسے مبارک مواقع پر اپنے بزرگوں کے کہے کو صدق دل سے تسلیم کرتے ہیں۔

تعجب تو اس امر پر ہے کہ ان خوش نصیب انعام یافتہ گان میں کچھ وہ لوگ بھی تھے جنہوں نے ہماری بدنصیبی کی بدولت ہمارے سینے میں سنان استبداد کو پیوست کیا تھا لیکن ہماری سیادت و سعادت ملاحظہ فرمائیے کہ ہم نے انہیں بھی اپنے مجروح سینے سے چمٹا کر صدق دل سے مبارک باد دی اور یہ احساس تک ہونے نہ دیا کہ ہم ان سے خفا ہیں کیوں کہ انہوں نے ہم جیسے لائق آدمی کا (لائق نہ ہوتے تو خود ان کے ساتھ اس مبارک و مسعود ایوارڈ کو کیسے حاصل کرتے) سیم وزر کے لئے نالائق گردانا تھا اور بساط علم و دانش کا منظر ہی بدل دیا تھا تا ہم وہ ہمیں لائق سمجھیں یا نہ سمجھیں ،ہم انہیں البتہ لائق بلکہ فائق سمجھتے ہیں۔مستزاد ان خوش بختوں میں کچھ وہ لوگ بھی تھے جنہوں نے ماضی قریب میں ہمیں بے شمار انعامات و اعزازات حاصل کرتا ہوا دیکھا تھا مزید براں از دیاد اعزاز پر اظہار حیرت بھی کیا تھا اور مبارک بادی بھی دی تھی۔لوگ زبان سے لفظوں کے درر ضرور دیتے ہیں لیکن وقت آنے پر پروانہ تقرر نہیں دیتے اور صاحب انعام کو کالانعام سمجھنے پر مجبور ہو جاتے ہیں ۔ در رفعت پر دست غربت نے دستک ضرور دی تھی لیکن بازار سیاست میں درہم سفارش چلتا ہے دینار لیاقت کہاں۔شاید شدید مجبوری رہی ہو گی جو ایک گولڈ میڈلسٹ کو نظر انداز کیا گیا۔تقدیر کے آگے تدبیر کے پر جل اٹھے جس کے شعلے آج تک روح کیھلسا رہے ہیں،ہاں !خوش بختوں نے در کعبہ سے سر ضرور ٹکرایا ہے،اب قتیل ارتفاع جانے یا کعبے کا خدا جانے۔اب ہم بھی کیا کریں جیسے جیسے ضعف درعمر پر دستک دے رہا ہے ویسے ویسے ہم میں صبر واستقلال کی خو پیدا ہوتی جارہی ہے ۔ایسا معلوم ہوتا ہے کہ جب ہم مرنے کے قریب ہوں گے ایک معصوم بچے کی طرح ہو جائیں گے ۔ہمیں یاد ہی نہ ہو گا کہ ہم پر کس کس نے کس کس قسم کا ظلم کیا تھا کب کیا تھا کس لئے کیا تھا اور کیوں کیا تھا،اور شائد اس وقت آسمانوں سے یہی آواز آنے لگے کہ" اے نفس مطمئین بسوئے پروردگار خویش باز گرد تو خوشنود شدہ ای و از تو نیز خوشنود گشتہ باز آئی در بندگان خاص من درآئی و با

خوشنودی در بہشت من داخل شو"۔ اگر ایسا ہو تو ہم خود کو نہایت خوش بخت متصور کرتے ہیں اور ہم اس استبداد کو قبول و منظور کرتے ہیں جسے دنیائے دوں نے بشکل سوغات دیا ہے۔

ڈاکٹر شکور کو یاد ہوگا کہ کبھی ہم بھی ان کے رقیب روسیاہ ہوا کرتے تھے، کسی معشوق دلنواز کے نہیں بلکہ جامعہ عثمانیہ کے شعبہ اردو کی لکچرر شپ کے لئے ہم موصوف کے ساتھ شریک دوڑ تھے۔ منصف اذہان نے انہیں لائق گردانا اور ہم کاسہ تقدیر لئے سرراہ ایسے بیٹھے کہ آج تک بیٹھے ہوئے ہیں۔ جب بھی انٹرویو دیتے ہیں کیا مجال جو کامیابی قدم چومے۔ ہاں بھی! دست غربت میں بارہ بارہ لاکھ کہاں، اور پھر ہمیں کوئی بڑا آدمی جانتا بھی تو نہیں جو سفارش ہی کردے۔ سفارش تو وہ لوگ بھی کرنے سے شعوری گریز کرتے ہیں جن کی ناقص اور بودی تحریروں کی کبھی ہم نے تصحیح کی تھی اور اپنے فلک آثار غربت کے سبب معاوضہ میں اسی رقم کو منظور کیا تھا۔ کون چاہے گا کہ امیروں کی صف میں کوئی غریب بھی آ کھڑا ہو۔ جامعات کوئی مساجد نہیں جہاں ایک ہی صف میں محمود اور ایاز دونوں کھڑے ہوں۔ اس دنیائے دوں میں لوگ محمود مختار کی تہنیت کا فرض ادا کرتے ہیں اور ایاز مجبور کی تعزیت بجالاتے ہیں۔ غرض جب بھی روٹی کی گھنٹی بجتی ہے ہمارا مطلب ہے جامعات میں درخواست طلب کی جاتی ہے تو ہم بھی مانند سگِ گرسنہ پوری قوت سے دوڑ لگاتے ہیں لیکن افسوس!

اگر بہر سر مویت ہنر دو صد باشد ہنر بکار نیاید چون بخت بد باشد

کے مصداق زندہ لاشوں کی سازشوں کا شکار ہو کر اپنی تقدیر کا رونا رولیا کرتے ہیں۔ تاہم ہمیں ڈاکٹر شکور کی زیر قیادت و صدارت یہ کارنامہ حیات ایوارڈ لینا بہت اچھا لگا، اپنوں میں جب اپنوں سے کوئی ایوارڈ لیتا ہے تو اس کی خوشی کی کوئی حد نہیں ہوتی۔

وہ جو ہم میں تم میں قرار تھا

زندگی بھی عجیب گل کھلاتی ہے، کسی کو ترقی مل گئی تو کسی کو نہیں ملی، کوئی بام عروج پر پہنچ گیا تو کوئی نہیں پہنچ سکا، کسی کو عہدہ مل گیا تو کسی کو نہیں ملا، کوئی مسرور ہے تو کوئی مغموم، کوئی معلوم ہے تو کوئی نا معلوم، کوئی فائز المرام ہو گیا تو کوئی محروم الانعام رہ گیا، کوئی بہاروں میں مست و مگن خوشی کے نغمے گا رہا ہے تو کوئی خزاں کے خار وخس سے نبرد آزما آنسو بہا رہا ہے۔ کلکِ قدرت نے جو حرف تحریر فرمائے تھے، حرف بہ حرف صحیح ثابت ہو رہے ہیں، خدا کا لکھا بھی کہیں غلط ہو سکتا ہے، قرطاسِ اولین پر جو نقوش وا فرمائے گئے تھے بعینہ منصۂ شہود پر جلوہ گر ہیں۔ آدمی محروم و مغموم محض اس لئے ہوتا ہے کہ وہ تقدیر پر کماحقہٗ ایمان نہیں لاتا ورنہ اس کے اطمینان کے لئے یہ ایک آیت مبارکہ کافی ہے کہ وما تشاؤن الا ان یشاء اللہ۔ تقدیر پر ایمان لاتے ہی آدمی دنیا تمام کی الجھنوں سے محفوظ ہو جاتا ہے۔ مشیت الٰہی کے آگے ہر آدمی سجدہ ریز ہے، وہ بھی جس نے آدمی کو سجدہ کرنے سے انکار کر دیا تھا۔ کاتب تقدیر نے جس کام کا جسے اہل گردانا خواہی نخواہی وہ اسی کام میں مشغول نظر آتا ہے۔ ہر پیشہ ور اپنے پیشے سے خواہ کتنا ہی کیوں نہ نالاں ہو روٹی لیکن اسی کی کھاتا ہے اور بہر صورت خدا کے گن گاتا ہے، اگر چہ وہ ابا بھی کرے، لیکن کیا کرے کہ اعضا و جوارح تو

حمد و ثنا میں مدام مشغول ہیں۔

اس طویل اور قدرے گنجلک تمہید کا مقصد محض یہ ہے کہ دنیا ہماری ناکامیوں کا سہرا ہمارے سر نہ باندھے (البتہ کامیابیوں کا سہرا ہمارے سر باندھا جاسکتا ہے) بلکہ سرِ خفی کو ملاحظہ فرماتے ہوئے انسان کی محرومی کو دست قدرت کا مرہون منت متصور کرے۔ اگر ہم نے کوئی مراتب عظمیٰ حاصل نہ کیا تو اس میں ہماری نامراد کوشش بیکراں سے زیادہ تحریر خامۂ یزداں کارفرما ہے۔ اب ہم بھی کیا کریں، ایڑی چوٹی (چوٹی گو ہم رکھتے نہیں) کا زور لگا دیا کہ یاران طریقت کے ساتھ کچھ منازل سلوک ہم بھی طے کرلیں، دوستوں کے ساتھ کچھ دشمنوں سے نبرد آمائی ہو، رفیقوں کے ساتھ رقیبوں کے دانت کھٹے کر دیں (ہمارے کچھ رقیب منہ میں ہمارے خلاف گالیاں ضرور رکھتے ہیں لیکن ذاتی دانت ہی نہیں رکھتے جو کھٹے کیے جاسکیں) کاسۂ استقرار تھامے مختلف دانشگاہوں کے چکر کاٹے، ہمیشہ دھتکار دیئے گئے۔ (ہمارے ہاں رشوت دینے کے لئے بارہ لاکھ کہاں جو چودہ طبق روشن ہوسکیں) درِ نوازشات پر دخل الباب کیا، لیکن بے سود، عقلمندوں نے ہمارے والد ماجد کا نام پوچھنے کی بجائے اپنے والد محترم کا نام پوچھا اور ہم نے بھی اپنے والد محترم کا نام بتا دیا۔ اپنی لیاقتوں کا حسب سابق رونا روتے رہے۔ کسی نے آنسو پوچھنے کے لئے اپنا رومال تک نہ دیا، جن سے زیادہ امید تھی انہوں نے بھی اشک شوئی کی زحمت نہ اٹھائی۔ سنتے ہیں کہ رات کی تاریکی میں اپنا سایہ بھی کہیں گم ہو جاتا ہے۔، وہ سائے بھی گم ہو گئے جو مدت مدید تک سائے کی طرح ہمارے ساتھ رہے۔ دوستی کا انحصار مراتب کی یکسانیت سے عبارت ہے، شاہوں کی گداؤں سے دوستی یا داستانوں میں ملتی ہے یا پردۂ سیمین پر، زندگی کے حقیقی پردے ان مناظر کے پیش کرنے سے اکثر قاصر رہتے ہیں۔ اونچ نیچ کی دیوار تو، دیوار چین سے زیادہ مشہور اور مضبوط ہوتی ہے۔ دو غریبوں میں دوستی ہوتی ہے یا دو امیروں میں۔ ایک بڑا ہوتا ہے تو دوسرا خود بخود چھوٹا ہو جاتا ہے۔ جب دو

غریبوں میں سے ایک امیر ہو جائے تو دوسرے کو بھی چاہیے کہ فوراً امیر ہو جائے ورنہ دوستی کی ناؤ گرداب تفاوت کا شکار ہو جائے گی۔ نتیجہ اس کا یہ نکلتا ہے کہ پہلے امیر کے ابرو میں بل پڑتے ہیں زاں بعد خیالات، احساسات اور جذبات کا نمبر آتا ہے اور آہستہ آہستہ دوست پہلو بدلنے لگتا ہے۔ کچھ ہی عرصے کے بعد معلوم ہوتا ہے کہ امیر دوست نے غریب دوست کا ہاتھ جھٹک کر اپنے ہم مشرب و ہم مرتبہ، ہم پیالہ و ہم نوالہ جیسی شخصیت سے دوستی کر لی اور بعد میں رشتہ داری بھی فرمالی۔ اور غریب فلم سنگم کا گیت گاتا رہ جاتا ہے کہ "دوست دوست نہ رہا، پیار پیار نا رہا" کہنے کی اس لئے ضرورت محسوس نہیں ہوتی، کیوں کہ دونوں شادی شدہ ہوتے ہیں۔ غریب دوست عرصہ دراز کی خوب صورت یادوں کو لئے دوسرے غریب دوست کی تلاش میں نکل پڑتا ہے، زندگی گزارنے کے لئے دو وقت کی روٹی اور ایک ہمدرد دوست بہر حال درکار ہوتے ہیں۔ اور جب دوستی پکی ہو جاتی ہے تو وہ قبلہ رو، دست بہ دعا ہوتا ہے کہ بارالہا، یار من راطما خوش خصال بساز ہر گز خوش حال مساز کہ مرا، اور اعزیز جان و ہمچو ایمان دارم، مبادا کہ از دست من او ہم ہم چو دیگر نہ رود۔

جب دوستی کا ذکر خیر چل نکلا ہے تو ہمیں رہ رہ کر شبنم کی یاد آرہی ہے۔ شبنم ہماری دوست ہی نہیں ہمدم و ہمراز، ہم پیالہ و ہم نوالہ بھی تھیں، ایک جانب ہماری وجاہت کی ثنا خواں تھیں تو دوسری جانب ہماری لیاقت کی مدح خواں۔ ہم نے سوچا تھا کہ فلموں کی کہانیوں کی طرح یہ دوستی بھی شریک حیات بننے کا پیش خیمہ ثابت ہوگی لیکن برا ہو دنیا کا محبّ کو محرومی اور محبوب کو مقدومی بخشتی ہے، جب اس نے مراتب عظمیٰ پالئے جیسے کہ عام طور پر دانش گاہوں کا دستور ہے کہ خواتین میں لیاقت و اسناد سے زیادہ حسن و شباب دیکھا جاتا ہے، شبنم آنکھ ناک کی سیدھی تھی اور ادا و ناز نے تو اس پر دو آتشہ کا کام کر دیا ہے، بہر صورت، تقرر کی صورت نکل آئی اور دیکھتے ہی دیکھتے اسے عروج و بلندی نصیب ہو گئی اور ہم ہاتھ پر ہاتھ دھرے ہنوز منتظر فردا ہیں۔ اب اس بے چاری کو اتنی

فرصت کہاں کہ حسب سابق چارہ سازی وغم گساری کے لئے کچھ وقت نکال سکے، جس کے فون کی بھیانک آواز سے ہم بیدار ہوجایا کرتے تھے وہ اب ہمارے فون کی گھنٹی سے بیزار دکھائی دینے لگیں۔ رکھائی کے یہ نظارے دل غم گین پر وا ہونے میں کچھ وقت نہیں لیتے، اور محروم آدمی یوں بھی قدرے غم گین ہی رہا کرتا ہے خواہ ہوشیاروں کی مجالس میں احمقوں کی طرح قہقہے لگا تا ہی کیوں نہ دکھائی دے۔ ہمیں معلوم نہ تھا کہ آفیسر بنتے ہی خواتین میں بھی کوئی فرعونِ خود سر جاگ اٹھتا ہے، ایسا ہم نے مردان صاحب حشم کا نصیب سمجھا تھا۔ محترمہ میں بھی دیگر مردوں کی طرح جلد ہی خوئے اہانت کے جراثیم پیدا ہو گئے اور وہ ''ہمچو من دیگر نیست'' کا مکروہ پہاڑہ پڑھنے لگیں، خاکم بدہن کچھ ہم میں بھی مدت مدید سے ''پدرم سلطان بود'' کے بے ہوش جرثومے منتظر فردا ہیں اگر آئی۔اے۔ایس میں کامیاب ہو گئے ہوتے تو شائد ان جرثومہ ہائے خفتہ کو اذن بیداری نصیب ہو جاتی اور ہم میں بھی کچھ زہر افشانی کا حوصلہ پیدا ہو جاتا لیکن خدا کہاں سب کو بدنصیب کرتا ہے۔ انا جب زہر آلود ہو جاتی ہے تو پہلے صاحب انا اس کا شکار ہوتا ہے، بعد میں دوسروں کا نمبر آتا ہے۔ یہ مس شبنم کا کمال تھا کہ ہمارا ہر کال مس کال سے بدل جایا کرتا اور ہم مس سے مس کال سے متعلق کچھ پوچھنے کو اپنی ہتک متصور کرتے، اعلیٰ ظرف اشخاص میں یہی تو ایک کمزوری ہوتی ہیکہ وہ نازک مزاج ہوا کرتے ہیں، ہم گو نازک مزاج نہ سہی لیکن تنک مزاج بھی تو نہیں۔ منجملہ سادات ہیں تلخیوں کو انگیز کرنا ہمارا خاندانی وطیرہ ہے، طرح دینے اور طرح پر شعر کہنے کے ہم کافی خوگر واقع ہوئے ہیں۔ شبنم نے امیروں کے محلّے میں کوٹھی کیا بنوائی کہ غریبوں کے گھر آنا جانا بند کر دیا۔ پہروں جو پہلو بہ پہلو بیٹھا کرتی تھیں، پہلوتہی کا شیوہ مکروہ اختیار کر لیا اور ہم نے بھی یہ سوچ کر صبر کر لیا کہ وہ شاہ حسن سہی شہریار ہم بھی ہیں۔ وہ اگر اپنی خو نہیں بدلتیں تو ہمیں کیا پڑی ہے کہ اپنی وضع بدلنے کی فکر کریں۔ خدا دو محبت کرنے والوں کے درمیان دولت کی دیوار نہ کھڑی کرے، ایک مجبور ہو جاتا ہے، جب تک

ہم، ہم مرتبہ رہے، ہم، پیالہ و ہم نوالہ رہے، رتبے کے پہاڑ نے ہمیں ہمدم و ہم راز رہنے دیا نہ ہم گرد و ہم جلیس ۔ جو ہماری ''پھٹپھٹی'' کی پھٹی ہوئی سیٹ پر رونق افروز ہو کر اپنے بازوؤں کی گرمی سے ہماری امنگوں کو ہوا دیا کرتی تھیں اور جس کے سینے کی حرارت ہماری پشت پناہی کیا کرتی تھی، آج جب وہ اپنی امپورٹیڈ ''فورڈ'' میں رواں دواں دھواں چھوڑتی گزر جاتی ہیں تو ہم رتبوں کے تفاوت اور عہدوں کے تصادم پر سنجیدگی سے غور کرنے لگتے ہیں ۔ہم نے شبنم کے لئے جو دعائیں مانگی تھیں وہ یہ رنگ لائینگی ہمیں معلوم نہ تھا، ورنہ ہمیں کیا پڑی تھی کہ سجدے میں سر رکھ کر سرفرازی دوست کی دعا کرتے ،اب ہم حسین لڑکیوں کو دعا دینے کے معاملے میں قدرے صبر و تحمل سے کام لیا کریں گے ۔شبنم نے جو وعدے کئے تھے وہ فلمی ڈائلاگ ثابت ہوئے اور ہم نے جو عشق فرمایا تھا وہ کرشن چندر کا کوئی منحوس افسانہ ۔آخرش شبنم نے ہمارے دل میں آگ لگاتے ہوئے ایک بے ہنگم و کج رو، نو دولتیے سے شادی کر لی اور ہم آنجہانی مکیش کی نیم خن خنی و نیم منخنی آواز میں شکیل بدایونی مرحوم کا یہ گیت گاتے رہ گیے

سدا خوش رہے تو جفا کرنے والے دعا کر رہے ہیں دعا کرنے والے

بچاؤ ہمیں پڑوسیوں سے

ہے کوئی مردِ خدا جو ہمیں ہمارے پڑوسیوں سے بچائے ۔کوئی نہیں !یعنی کہ واقعی کوئی نہیں !ٹھیک ہے اگر کوئی بندۂ خدا نہیں تو کوئی خُدا ضرور ہے جو ہمیں ہمارے پڑوسیوں سے بچائے گا ۔اب آپ سے کیا چھپائیں ہم سالہاسال سے پڑوسیوں کی اذیتوں کو جھیل رہے ہیں اور مردانہ وار جھیل رہے ہیں۔ہمیں یہ اذیت پڑوسیوں سے زیادہ پڑوسیوں کے جانوروں سے ہے۔یہ جانور آتے جاتے ہمارے راستے میں بیٹھ جاتے ہیں اور ہمیں دل بھر ستاتے ہیں ۔اب چنو بھائی کے کتے ہی کو لیجیے۔راستے میں غراتا ہوا بیٹھ جاتا ہے۔ہم آج تک اس راز کو نہیں سمجھ سکے کہ یہ کم بخت کتے راستے کے بیچوں بیچ ہی کیوں بیٹھتے ہیں۔کیا مجال جو اِدھر یا اُدھر رونق افروز ہوں ۔مختصر گلی ہو کہ کشادہ راستہ، بیچ ہی میں تشریف رکھیں گے ۔ایک مشاق انجینر کی طرح پہلے راستے کا مرکز دریافت کرتے ہیں پھر اس مرکز پر وہ اپنا مرکز جمائے براجمان ہوتے ہیں ۔کتے اپنی دم جسے آج تک سیدھی ہونا نصیب نہ ہوا ہے موڑ کر سینے سے لگائے معصومیت سے بیٹھ جاتے ہیں گویا بھونکنے کی عادت سے ہاتھ ہی اُٹھالیا ہو۔کبھی کبھی اپنی مخمور سرخ سرخ آنکھیں کھول کر دیکھ بھی لیتے ہیں کہ کہیں

کوئی بدتمیز ان کی شان میں گستاخی پر آمادہ تو نہیں۔ہم نے ماہرین سے دریافت کیا لیکن کسی نے اس راز دروں پر سے پردے نہیں اُٹھائے کہ آخر کتا بیچ میں کیوں بیٹھتا ہے،تاہم چنو کا کتا اپنی مرضی کا آپ مالک ہے،چاہے تو بیچ میں بیٹھے،چاہے تو چبوترے کو اپنا مسکن بنائے اور چاہے تو ہمارے گھر کی دہلیز ہی کو اپنی آرام گاہ۔کتا اپنا مرضی نہیں چلائے گا تو اسے کتا کون کہے گا۔جب وہ ہماری گلی کے بیچوں بیچ بیٹھ جاتا ہے اور ہماری آہٹ پا، پا کر بھی ٹس سے مس نہیں ہوتا تو اب امتحان کی گھڑی آپہنچتی ہے۔ہم گنگنا اُٹھتے ہیں،''جائیں تو جائیں کہاں'' اور اس وقت قدرتی طور پر ہماری آواز طلعت محمود سے ملتی جلتی ہو جاتی ہے۔اب اگر ہم موصوف کو پھلانگ کر جائیں تو یہ کتے کی شان میں گستاخی متصور ہو گی اور ہم خود میں اتنا حوصلہ بھی نہیں پاتے۔بازو سے جائیں تو ابوشیر کی گائے نے کافی مقدار میں گوبر کر چھوڑا ہے۔اگر پاؤں رکھیں گے تو یقین ہے کہ پاؤں ٹخنے تک دلدل میں اتر جائے گا۔واقعی گائے جب دیتی ہے جی بھر کے دیتی ہیں۔بائیں جانب خود ابوشیر کا مکان ہے اور اگر ہم کتے سے بچنے کی خاطر جو غلطی سے ابو کے گھر میں گر پڑیں تو زمانے کی نگاہوں کے علاوہ خود اپنی نگاہ سے بھی گر جائیں گے۔ایک دن اسی طرح کتے سے بچنے کی کوشش میں لڑھک گئے تھے اور ابو کے دروازے کا پردہ دو حصوں میں تقسیم ہو گیا تھا۔

پتا نہیں ہمیں دیکھتے ہی چنو کے کتے کو کیا ہو جاتا ہے۔پہلے غراتا ہے پھر اس کی غراہٹ تیز ہو جاتی ہے۔نتھنے پھولنے لگتے ہیں،خطرناک تیوری چڑھ جاتی ہے،ایسا لگتا ہے کہ وہ مابدولت سے اب بھڑ کر ہی رہے گا۔سنتے ہیں کہ کتوں کی کتوں سے نہیں بنتی،ہم تو انسان ہیں پھر وہ ہم سے اسد رجہ برہمی کا مظاہرہ کیوں کرتا ہے۔محلہ میں کوئی جوان اور خوبرو کتیا بھی تو نہیں جو وہ اندیشہ ہائے دور و دراز سے گزرتا ہو۔ایک دفعہ ہم فجر کی نماز کے لئے ہاتھ میں عصا لئے باہر نکل پڑے کیا دیکھتے ہیں کہ شیر دراستے میں آرام فرما ہے۔اگر سر راہ کوئی غنڈہ بیٹھا مل جائے تو ہمیں اتنا

خوف نہیں !ہم ایک عدد فرشی سلام کا خراج حیات پیش کرتے ہوئے خاموشی سے گزر جاتے ۔غنڈہ بھی خوش ہم بھی مطمین ،لیکن کتا کوئی غنڈہ نہیں ہوتا جو ہمارے فرشی سلام سے باغ باغ ہو جائے ۔اب کس میں اتنی ہمت ہے کہ پہلے اس سے اپنی ٹانگ کٹوائیں اور پھر اُس پیٹ میں چودہ انجکشن لگوائیں جس پیٹ پر دین اسلام کی تنویر کہلانے والے اصحاب نے لات رسید کی ہو۔اس عہد مسعود کے تو کیا کہنے، پیٹ پر لات مارنے کے لئے اس عہد میں رقیب واعداہی نہیں بلکہ رفقا دعزیز بھی ہر دم تازہ دم تیار رہتے ہیں بلکہ پیٹ پر لات رسید کرنے کی تراکیب متداولہ اگر انہیں اپنے حمق کے سبب پلے نہیں پڑتیں تو تجربہ کار اذہان بالغہ سے رجوع کرتے ہیں کہ کس کے پیٹ پر کس طرح لات ماری جائے ۔کھڑے کھڑے لات رسید کی جائے یا بیٹھے بیٹھے اس کار خیر کو انجام دیا جائے ۔
غرض ،ہم ادھر اور وہ ادھر، بہت دیر تک رومان پرور سیٹیاں بجائیں،سنا تھا کہ لڑکیاں اور کتے سیٹیوں کے معانی ومطالب خوب سمجھتے ہیں ،جس قدر یاد تھے روح پرور نغمات گنگنائے لیکن بے سود۔اثر اس کو ذرا نہیں ہوتا والا معاملہ تھا۔اب کتوں کے منھ کون لگے ۔ہم کتوں کی وفاداری کے قائل نہیں ،اس جانور سے وفا کی کیا امید کی جاسکتی ہے جو ہرگز نہیں جانتا کہ وفا کیا ہے۔اب آپ ہی سوچیے جو نماز پڑھنے جانے والے کو ستائے اس سے مہر و وفا کی کیا امید کی جاسکتی ہے۔دانشوروں کو چاہیے کہ ہمیں اپنی نظر سے دیکھے اور اپنا نظریہ تبدیل کرنے کی کوشش کرے کہ کتا ایک وفادار جانور ہے ۔آخرش یہ دیکھ کر دل بیٹھ گیا کہ شاہ خاور مطلع شرق سے کرنیں بکھیر رہا ہے

چنو کے کتے کے علاوہ ہمیں محبوب بی کی بکریوں اور ان کے عاشق نامدار اور کافی صحت مند بوکڑوں سے بہت بڑی شکایت ہے۔ہماری گلی محبوب بی کی بکریوں کی خوش بو سے از صبح تا شام پہاڑی پھول کی طرح مہکتی رہتی ہے اور ان بکریوں کی مینگنیاں تازہ کلیوں کی طرح ہماری راہ میں مدام بچھی رہتی ہیں ایسا معلوم ہوتا ہے کہ ہمارے کسی عاشق نامدار و پیکر گل عذار نے ہماری راہ

میں پھول بچھار کھے ہیں ،بعض وقت تو خیالوں میں یہ نغمہ بھی گونج اُٹھتا ہے ''پاؤں چھو لینے دو پھولوں کو عنایت ہو گی'' ۔تاہم بکریاں تو پھر بھی معصومیت سے گلے میں تقید کا پٹا آویزاں کئے آرام سے جگالی کرتی رہتی ہیں لیکن ان بکریوں کے عاشق زار بکروں نے ہمیں بہت پریشان کر رکھا ہے۔بھئی عشق ہم نے بھی کیا ہے، کیا مجال جو پڑوسیوں کو ہمارے عشق کی کوئی اطلاع بہم پہنچے، بلکہ عمر گزر گئی ہمارے عشق کی اطلاع اس گل عذار تک بھی نہیں پہنچی جس کے ہم عاشق زار تھے۔ چپکے چپکے رات دن آنسو بہالیا کر تے تھے ۔مدتوں مدتوں معشوق گل گوں کی ایک جھلک کے انتظار میں کاسہ ٗ دیدار سنبھالے بیٹھے ہیں کہ شائد قسمت یاری فرمائے اور دیدار یار کے کچھ آثار ہی برآمد ہوں لیکن جب برآمد ہو تے شبنم کے ابا میاں برآمد ہوتے ،شبنم کے برآمد ہونے کی کوئی سبیل ہی دکھائی نہ دیتی ۔زبان پر ایک ہی کلمہ ہے ''جو دیا اس کا بھلا جو نہ دیا اس کا بھی بھلا''۔شبنم کا روئے پر نور تو کیا نظر آتا اس کا لال ڈوپٹا ہی جو نظر آجاتا طبیعت بحال ہو جاتی ۔جب سامنے سے شبنم کا رکشا گزرتا اور رکشا کے گھنگرو بج اٹھتے ،روح میں شہنائیاں سی چھڑ جاتیں۔پھر دوسرے دن شبنم کے رکشا کا وہی انتظار ہے اور وہی ہماری چشم گریہ۔اب یہ مقدر کی بات ہے کہ نئی زمانہ معطر ہواؤں کے ایک آدھ جھونکے کا بے نام سا انتظار رہتا ہے کہ شاید موجِ صبا پیام شادمانی لے آئے ممکن ہے گفتار شیریں سے روح مسرور ہو عجب نہیں کہ دشت ویراں میں چاندنی کا ظہور ہو۔ایک یہ تھا ہمارا عشق اور ایک یہ ہے ان کم بخت بوکڑوں کا عشق ۔حلق کے آخری کنارے سے چیخ کر اعلانِ عشق فرماتے ہیں گویا حلقوم تمنا پر چھری پھیری جارہی ہو۔آواز اتنی ہولناک کہ معشوق کی صورت تو کیا یاد آئے ،قصاب کی صورت آنکھوں میں پھر جاتی ۔جب بوکڑ کوئے معشوق میں قدم رنجہ فرماتا ہے تو اپنی آمد کی اطلاع اپنی بھونڈی ،بھدی اور نہایت کرخت و کریہہ آواز سے دیتا ہے، گویا کہہ رہا ہو ''بچنا اے حسینو ،لو میں آگیا''معصوم بکریاں کم بخت کی آواز پر اپنے کان کھڑے کر لیتی ہیں اور چبو

ترے کی بے سایگی میں پناہ لینے کی کوشش کرتی ہیں۔بکریوں کو کیا معلوم کہ جب ہندوستان میں لڑکیوں کی آبرو محفوظ نہیں تو بکریاں کس شمار میں ہیں۔ ہم آج تک نہیں سمجھ سکے کہ بکردں کو اظہار عشق میں اس درجہ چیخنے اور چلانے کی ضرورت کیوں لاحق ہوتی ہے۔مرغ کو دیکھیے ایک عدد نغمہ ریز بانگ ارشاد فرمائی اور ادھر آرزوئے دیرینہ منزل مقصود سے ہم کنار ہوگئی ۔نہ شور نہ شرابا۔بوکڑوں کا یہ عالم کہ یورپ جیسے راستے اور لنکا جیسی منزل ۔اتنی سی بات کے لئے اتنا شور وغل کہ ایک ادیب اپنے مضمون سے ،ایک شاعر اپنی شاعری سے اور ایک مزاح نگار اپنی طنز نگاری سے ہاتھ دھو بیٹھے ۔حمار خان کا بوکڑ جب محبوب بی کی بکری سے عشق کے تمہیدی کلمات ارشاد فرمانے منھ کھولتا ہے تو کیا مجال جو اپنی زبان اپنے منھ میں واپس بھی لے ۔آسمان بکر اس کی جانب اپنا سر اٹھائے مدتوں اپنی زبان کو جبین نیاز سے مس کرنے کی کوشش کرتا ہے گویا زبان حال سے کہہ رہا ہو

زندگی دینے والے سن، تیری دنیا سے دل بھر گیا

اسکی خمار آلود آنکھوں میں عشق ومحبت کے طوفان امڈ آتے ہیں۔اور پھر وہ بکری سے یہی کہ اٹھتا ہے" ہر چہ باداباد ما کشتی درآب انداختیم "اور پھر ہر سمت تمناؤں کے دیپ جل اٹھتے ہیں اور پھل جھڑیوں سے ساری فضا مسحور ہو جاتی ہے۔مجبت کے ان مناظر کو دیکھنے والوں کے سینوں میں بھی مدتوں سے سوئی ہوئی بلکہ مری ہوئی تمنائیں جاگنے کی تمہید باندھ کر پھر مر جاتی ہیں۔ان میں بعض خوش بخت وہ ہوتے ہیں جن کا چراغ محبت میر تقی میر کا چراغ نا امید ہوتا ہے جو شام ہی سے بجھا سا رہتا ہے۔

پاشو آپا کی مرغیوں نے تو ہماری ناک میں دم کر رکھا ہے بلکہ دم کرنے کے لئے ناک پر اکتفا کرنا خود ہم سمجھتے ہیں کہ ناک کی توہین ہے۔اب آپ ہی سوچئے ہمارا گھر ہے ہی کتنا،ایک کمرے اور آدھے دالان پر مشتمل ایک کوٹھی بلکہ کنگ کوٹھی ،اب اگر اس میں دس پندرہ مرغیاں ،ان

مرغیوں کے درجنوں چوزے اور ان چوزوں کے والد گرامی قدر یعنی جناب مرغ مل جل کر حلہ بول دیں تو ایک شریف الطبع نیز رقیق السمع شاعر پر کیا گزرے گی۔ مرغیاں ویسے ہوتی بہت ڈھیٹ ہیں مدت سے انسانی صحبت سے فیض یاب ہیں اس لئے ان کے اندر انسانوں کی ہٹ دھرمی پیدا ہوگئی ہے، کیا مجال جو ہماری ''ہش'' پر توجہ دیں۔ کھڑک مرغیاں تو ہش کیا چیز ہے ڈھول اور تاشے کی آواز کو تک خاطر میں نہیں لاتیں یہ الفاظ انکے ہاں تلنگانے کے لئے احتجاج کرنے والوں کی چیخ و پکار سے زیادہ نہیں، ادھر ہانکئے اُدھر سے آئیں گی اور اگر اُدھر سے ہانکیے تو اِدھر سے آئیں گی۔ سمجھ میں نہیں آتا کہ ان مرغیوں میں ایک عدد انڈا دے کر ایک گھنٹے تک پکارنے کی عادت کیوں ہوتی ہے۔ سارے محلہ کو معلوم ہو جاتا ہے کہ آج مرغی نے انڈا عنایت فرمایا ہے۔ اگر مرغی انڈا دے کر ایک آدھ آواز نکال کر ایصال بیضہ سے خبردار کردے بلکہ احسان بھی جتالے تو کوئی مضائقہ نہیں، لیکن یہاں تو ایک انڈا عنایت فرما کر ہم پر احسان کے ہزار پہاڑ توڑے جاتے ہیں کہ ''انڈا دیا ہے۔ آج ایک عدد انڈا دیا ہے۔ ہاں ہاں میں نے انڈا دیا ہے، ہاں ہاں میں نے انڈا دیا ہے، ارے بھی ہاں میں نے ہی انڈا دیا ہے۔ یہ انڈا کسی اور کا نہیں میرا ہی ہے۔ میں نے انڈا دیا ہے'' ایک آدھ دفعہ اپنی نیکی کا اظہار تو خود انسان بھی کرتا ہے لیکن یہ کون سی شرافت ہے کہ چار روپے کا انڈا دے کر چار گھنٹوں تک چلا چلا کر سر میں درد کیا جائے۔ بعض دانشمندوں نے یہ ارشاد فرمایا ہے کہ وہ انڈا دے کر زور زور سے یہ التماس کرتی ہے کہ پک پک پک پکاؤ کھاؤ پک پک پک پکاؤ کھاؤ۔ اب اس میں کتنی سچائی ہے یہ انڈوں سے شوق فرمانے والے جانے۔ اگر پاشو آپا سے شکایت کی جائے تو وہ شکایت رفع کرنے کی بجائے اپنی مرغی کے ساتھ خود بھی چلانے لگتی ہے اسے ایک نشد ذو شد کہتے ہیں۔ بعض وقت تو پاشو آپا کی تمام مرغیاں ایک ساتھ انڈے دے کے ایک ساتھ چیخ و پکار کرنے لگتی ہیں۔ غضب تو یہ ہے کہ ان کے چوزے بھی خاموشی سے دانہ نہیں چگتے

،چار مرتبہ چوں چوں کرتے ہیں تو کم بخت ایک دفعہ منہ میں دانہ لیتے ہیں۔ان کی چوں چوں ہی کیا کم عذاب تھی کہ بچوں کی چوں چوں کے ساتھ ماں بھی مسلسل ''چچ چچ'' کرنے لگتی ہیں۔اب یہی دیکھیے کہ ہم ایک خوب صورت سے مضمون کی تمہید باندھ رہے ہیں موڈ بھی بہت اچھا ہے ممکن ہے کہ ایک اچھا مضمون وجود میں آئے ۔ایک اچھی سی شروعات ہو رہی ہے اور ایسے میں سرہانے میر کے آہستہ بولنے کی بجائے کہنہ مشق وسحر خیز لال مرغے نے پوری شہامت و صلابت سے زبردست بانگ ارشاد فرمادی ''ککڑوں ں ں کوں ں ں'' بخت آور مرغے کی آواز سننے کے بعد ہمیں یہ بھی یاد نہ رہا کہ ہمارے مضمون کا عنوان کیا تھا اور ہم سوچ کیا رہے تھے۔ہم سوچتے ہیں کہ کیوں نہ حضرت موذی کو کچھ دنوں کے لئے مرغوں کے ڈربے میں بند کر دیا جائے ممکن ہے غریب کی سوچ میں کوئی تبدیلی آئے اور اس کا طائر افکار سمت صحیح کی جانب پرواز کرنے لگے ۔بعض جان لیوا بیماریوں میں علاج معالجے سے زیادہ ٹوٹکے کارآمد ثابت ہوتے ہیں۔ بہر حال اگر ہم ان جانوروں میں گھرے نہ ہوتے تو یقیناً ایک کامیاب قلم کار ضرور ہوتے۔آہ! ہے کوئی جو ہمیں ہمارے زحمت دہندہ پڑوسیوں اور ان کے اذیت رساں جانوروں سے نجات دلا سکے۔

جس جانور نے ہمیں اپنا مکان بیچنے پر تک مجبور کر دیا، وہ ابوشیر کی گائے ہے۔جب دیکھیے راستہ روکے کھڑی ہے ،مانو ٹرافک پولیس کا کوئی رشوت خور جوان ہو۔اگر ایک آدھ گائے پر ابو شیر نے اکتفا کی ہوتی تو ہم اپنے گھر کو یوں فروخت کرنے پر مجبور نہ ہوتے ۔ابو شیر کے ناخلف صاحب زادے شرفو نے بھی دو ایک بیل پال رکھے ہیں۔ ہماری گلی کھوسٹ بڑھیا کی چٹیا کی طرح طویل اور پتلی واقع ہوئی ہے ۔اس گلی سے دو آدمی کا بیک وقت گزرنا ہی مشکل ہے چہ جائیکہ ایک بیل اور ایک آدمی کا گزر ہو۔اب یہ ہماری بے وقوفی ہی تو تھی جو ابو شیر کو اپنی گلی میں دروازہ کھول لینے کی اجازت مرحمت فرمائی تھی پھر اس نے بد دیانتی کا ثبوت دیتے ہوئے ہماری مرضی کے بغیر

دوسرا دروازہ نکال لیا۔ ہمیں معلوم نہ تھا کہ یہ دور احسان فراموشی کا نہیں احسان کشی کا دور ہے۔ ابو شیر جو ہمیں ابو شیر سے زیادہ ابو شر لگتا ہے، ہمیشہ اپنے ہاتھ میں چھری، چاقو اور تبر رکھتا ہے اور ہم کاغذ قلم کے آدمی ہیں۔ اسے گائے، گوبر، گھاس کے علاوہ کچھ سوجھتا نہیں اور ہمیں عارض و کاکل اور چشم و ابرو کے علاوہ کچھ دکھائی نہیں دیتا۔ بعد المشرقین ہے۔ اور ہم اس سے پنگا نہیں لے سکتے۔ ہم نے ایک دن احتجاج کرتے ہوئے این۔ ٹی۔ آر کی طرح اس کی دوکان کے سامنے دھرنا دیا تھا اور کپڑے اتار کر لیٹ گئے تھے لیکن کوئی فائدہ نہیں ہوا، الٹا نقصان یہ ہوا کہ لوگ ہمیں کوئی لٹکی ہوئی چیز سمجھ کر مدتوں ہم سے ڈرتے رہے۔ خدارا! کوئی ہمیں ہمارے پڑوسیوں سے بچائے!

ایک دن تو پتہ نہیں ابو شیر کی گائے کو کیا ہوا، دندناتی ہوئی، عالم توحش میں پہلے ہمارے گھر میں گھس پڑی اور اندر گھستے ہی اپنے عقبی دروازے کو وا کر دیا اور دفعۃً گرم گرم گوبر سے ہمارا مختصر سا آنگن ''گرین لینڈ'' ہوگیا۔ ہر طرف ''شامۃ العنبر'' کی خوش بو پھیل گئی پھر کم بخت نے محض اسی پر بس نہیں کیا آگے بڑھ کر دالان کو اپنے قدوم میمنت سے زینت بخشی اور اپنے آبشار کے دہانے کھول دیئے۔ اگر اسے چشمہ زریں سے مستفید کرنا ہی تھا تو بازو ہی ابو شیر کا صاف ستھرا مکان تھا ۔ہمارے دالان کو یہ شرف کیوں بخشا، کیا ہمارا گھر کوئی ''سرکاری پیشاب خانہ'' ہے کہ بے زبان جانور اپنی ضرورتیں پوری کرلیں؟ مستزاد فراغت کے بعد حسبِ روایت، گائے نے اپنی طویل دم کو جو ادھر ادھر جھاڑا، در و دیوار صفروی سرخی مائل چھینٹوں سے مزین ہو گئے۔ ایسا معلوم ہو رہا تھا گویا ہماری دیوار ایک کینویس ہے اور کسی احمق مصور نے ''ماڈرن آرٹ'' کا نمونہ پیش کیا ہے۔ اب جانوروں کو اتنی تمیز کہاں؟ گائے کا گھر میں گھسنا تھا کہ ایک ہنگامہ برپا ہوگیا، بیوی نے چیخ ماری ،بچوں نے ''غوغا'' سے آسمان سر پر اُٹھالیا، بہو سہم گئی ،نوکرانی فرار۔ ہم ہمت والے آدمی ہیں پنجرے میں مقید شیروں سے نہیں ڈرتے تو کہاں گائے بیل سے ڈریں گے،دم مروڑ کر جو ایک

لات رسید کی گائے نے آنکھیں مٹکا کر لمبے سینگ دکھا دیئے۔ ہم گائے بیل سے تو نہیں ڈرتے لیکن ان کے طویل سینگوں سے بہت گھبراتے ہیں۔ کم بخت یہ لوگ اپنا سر نیچے کر کے ایک جھٹکے سے جو اوپر اٹھاتے ہیں ہمیں اپنے نازک مقامات یاد آجاتے ہیں۔ ہم نے گائے کو لاکھ ڈرایا، دھمکایا، بلکہ وہ تمام آوازیں جو ایسے موقعوں پر مشاق گڈریئے نکالتے ہیں مثلاً جھجی ھڑھڑ حرررر بر یہا ہووو دو لیکن ہماری تمام تراکیب مجنونانہ دھری کی دھری رہ گئیں بلکہ الٹی ہو گئیں سب تدبیریں کچھ نہ دوا نے کام کیا کے مصداق، ابوشیر کی گائے ہمیں یعنی شیر ابن شیر کو آنکھیں دکھانے لگیں ہمیں اس وقت یقین ہو گیا کہ ہم جانوروں سے جیت نہیں سکتے۔ باہر جو نکل کر دیکھا تو بات سمجھ میں آگئی کہ یہ ''عشق و عاشقی'' کا معاملہ ہے۔ باہر شرفو کا ایک کم عمر بیل کھڑا مخمور نگاہوں سے داخلہ کا ملتجی تھا۔ کم عمری عاشق نامدار کو زیادہ دہشت گرد بنا دیتی ہے۔ بیل کی آنکھوں میں عشق و محبت کے طوفان امڈ رہے تھے اور وہ کسی صورت وصل کا متمنی معلوم ہو رہا تھا۔ اس کی سانسیں تیز تھی لگتا تھا کہ گائے، بیل کو بہت دور سے بھگا لائی ہے۔ بیل وصل یار کا جویا تھا اور گائے اپنی آفاقی ضد ''نہیں نہیں، کبھی نہیں'' پر کاربند تھی اور ہمارے گھر میں پناہ لے رکھی تھی۔ ہمارا گھر اتنا بڑا کہاں کہ گائے اور بیل ہنی مون منا سکیں۔ ہمارا گھر تو اس درجہ مختصر واقع ہوا ہے کہ خود ہم بھی اپنے گھر میں سلیقے سے ہنی مون نہیں منا سکتے۔ ہنی مون منانے کے لئے خود ہمیں اماوس کی رات کا انتظار کرنا پڑتا ہے اور اماوس کی رات سالوں سالوں آنے کا نام نہیں لیتی۔ چہ جائے کہ ابوشیر کی گائے اور شرفو کا بیل پوری وارفتگی کیساتھ لمحات وصل سے لطف اندوز ہوں۔ ہم نے بیل کو ہانک دیا اور ابوشیر سے شکایت کی کہ تمہاری گائے ہمارے گھر میں گھس گئی ہے اور دہشت گردوں کی طرح دھاندلی مچا رہی ہے، گائے کی شکایت سننا تھا کہ وہ ہم پر بپھرے ہوئے بیل کی طرح ٹوٹ پڑا اور لگا کچھ بڑبڑانے ،اس کی بڑبڑاہٹ جب اس کی چڑخ بیوی نہیں سمجھ سکتی تو ہم کیا خاک سمجھیں گے۔ واقعی جو جس

جانور کی صحبت میں رہتا ہے اس کے اندر بھی اسی جانور کے اثرات پیدا ہو ہی جاتے ہیں ۔ہم شاعرانہ انداز میں پر تکلف گفتگو کے خوگر اور وہ غریب غیر شاعرانہ مزاج کا علم بردار، جاہل مطلق ۔ہم نے کہا ''قبلہ و کعبہ''اس نے کہا ''کیا بولا بے''ہم نے کہا ''للہ زحمت نہ دیجیے''اس نے کہا ''کیا کرتا کرلے جا''۔ہم نے کہا ''واللہ کل روز قیامت میں ۔۔''اس نے کہا ''بتاؤں کیا؟''۔اب آپ ہی سوچیے کہ جب ''زبان یار من ترکی و من ترکی نمی دانم'' والا معاملہ ہو تو ہم سوائے ''جواب جاہلاں باشد خموشی'' کا ورد فرماتے ہوئے کیا اپنی ہار نہ مان لیں گے ۔قصاب کا فرزند دلبند و جگر بند تو کہتا ہیکہ اگر گائے بکری، بھینس اور کھلگا ہمارے گھس پڑیں تو ہم انہیں ہانک دیا کریں ۔ہم کہتے ہیں کہ ہم میں اتنی ہمت کہاں کہ جانوروں کو مار بھگائیں ،مہاتما گاندھی کی ہمت بے کراں ہم کہاں سے لائیں۔انہوں نے جانوروں کو ارض ہند سے مار بھگایا تھا ہم ان کی اتباع کا تک حوصلہ نہیں رکھتے ۔یہ اور بات ہیکہ جن جانوروں کو مہاتما نے مار بھگایا تھا اب وہی انسانی شکل لئے دیار ہند میں آباد ہیں ۔ہم ابو شیر سے یہ کہاں کہتے ہیں کہ وہ اپنا آبائی پیشہ چھوڑ دے ،اگر وہ اپنا پیشہ چھوڑ دے تو نان و کباب ،شامی و شکم پر، بریانی اور پسندے نیز نرم و لذیذ کونتوں سے ہمارے کام و دہن کہاں محظوظ ہوں گے ،ہم ابو شیر سے صرف یہ التجا کرتے ہیں کہ وہ ہماری گلی سے گائے ،بھینس ،کھلگے اور بیل ہٹالے بس یہی کافی ہے ۔لیکن افسوس کہ ابو شیر نے اپنے جانور ہٹانے سے انکار کر دیا ہے اب ہم نے فیصلہ کرلیا ہے کہ جب جانور نہیں ہٹائے جاتے تو شرافت کا ثبوت دیتے ہوئے کیوں نہ ہم ہی اپنا بوریا بستر باندھ کر اپنے محلّہ یاقوت پورے سے ہٹ جائیں اور جاتے جاتے ''میں چپ رہوں گی'' کا یہ رسیلا نغمہ گنگنا جائیں ۔

''خوش رہو اہل چمن ،ہم تو چمن چھوڑ چلے''

آیا اب بھی ہیں بیٹیاں منحوس؟

ہاں بھی! کچھ ایسا ہی محسوس ہوتا ہے کہ اس فلک رسا دور اور ترقی یافتہ عہد میں بھی بیٹیاں منحوس گردانی جارہی ہیں اور اس ایٹمی دور میں بھی باپ اپنی بیٹی کے قتل کے درپے نظر آرہا ہے۔آج بھی بای ذنب قتلت ؟ کی خشمگین صدا کی قیامت خیز بازگشت سنائی دے رہی ہے۔ہم یہ سوچ کر لرز اٹھتے ہیں کہ کیا باپ اپنی لخت جگر کو اپنے ہاتھوں سے پامال کرسکتا ہے۔ہاں !جب آج سے چودہ سو سال پہلے جب وہ اپنی لخت جگر کو زندہ درگور کردیا کرتا تھا تو اگر آج اس معصوم کے رخساروں کو سگریٹ کے چرکے دیتا ہے اور اس بے زبان کا سر دیوار سے دیوانہ وار ٹکرارہا ہے تو کون سی تعجب کی بات ہے ،ایسے ہی کچھ نا معقول و نا انسان افراد میں ایک نام وحشی درندے کا بھی ہے جس کا نام تو عمر فاروق ہے لیکن کام ایسا ہے کہ شیطان بھی لرز اٹھے کہ اس نے اپنی تین سالہ معصوم بچی آفرین پر ظلم وتشدد کے پہاڑ توڑ ڈالے اور وہ بالآخر زخموں سے جانبر نہ ہوسکی اور جاتے جاتے ایک پیام دے گئی کہ کون ہے جو ہمیں باپوں کے ظلم وستم سے ہماری حفاظت کرے۔

ہمیں تو ایسا معلوم ہوتا ہے کہ عورت کا جنم ہی ظلم وستم سہنے کیلئے ہوا ہے۔وہ تو خیر گزری کہ ہماری رحم دل حکومت نے رحم کی تصویر لینے اور جوف رحم کے راز معلوم کرنے کو جرم قرار دیا ہے ورنہ لوگ تو لڑکی کی پیدائش کو رحم مادر ہی میں نہایت بے رحمی سے ختم کردیا کرتے کہ رہے بانس اور نہ

بجے یہ بے سری بانسری ۔لڑکیوں کو چاہیے کہ حکومت کے اس خوش آیند اقدام پر دل کی گہرائیوں سے شکریہ ادا کرے کہ انہیں پیدا ہونے کا تو موقعہ دے دیا ،اب پیدائش سے موت تک کے جو مراحل عظمی ہیں ان کا تو خدا ہی محافظ ہے۔

لڑکی پیدا ہوتی ہے تو باپ نفرت سے دیکھتا ہے ،بڑی ہوتی ہے تو سماج کے خونخوار افراد اسے اپنی ہوس کا نشانہ بنانے کے درپے ہو جاتے ہیں ،اور اگر جوانی عفت مآب ہو تو پھر اس کی چادر عصمت کو پارہ پارہ کرنے کی سوچتے ہیں ،پہلے پہلے رضا و رغبت سے اپنا الّو سیدھا کرنے کی کوشش کرتے ہیں تاکہ سانپ بھی مر جائے اور لاٹھی بھی ٹوٹنے نہ پائے ۔اگر شیطان تنہا مراد کو نہیں پہنچتا تو پھر اجتماعی طور پر یہ کار نحس انجام دیا جاتا ہے ،اکیلی جان اور گروہ ابالیس ،کہاں مُہرِ حق سلامت رہتی ہے اور اگر اندیشہ ہائے دور و دراز نے سر ابھارا تو شانے سے سر اتار لیا جاتا ہے ،البتہ دوسرے دن اخبار میں ایک چھٹی خبر شائع ہوتی ہے کہ ''ایک دوشیزہ کا اجتماعی زنا بالجبر''۔ جسے کچھ لوگ عبرت سے بھی پڑھ لیا کرتے ہیں ۔اور جو یہ پھول ،خار وحشت سے بچ گیا تو شادی کا مرحلہ درپیش ہے ۔دنیا میں شادی یوں ہی کہاں ہوتی ہے ۔اس کے لئے جہیز چاہیے ،مال و زر چاہیے۔کپڑا لتا چاہیے، ہاتھ گلے سونا چاہیے ، پاؤں میں چاندی چاہیے۔جہیز کے بغیر تو شادی ان دانشوروں کے ہاں بھی نہیں ہوتی جو دو دو گھنٹے محض جہیز کی لعنت پر جوشیلی تقریر کیا کرتے ہیں اور جن کے ہاں اخلاص کم اور الفاظ زیادہ ہوتے ہیں ۔اگر اخلاص ہوتا تو اعلان کرتے کہ میں فلاں ابن فلاں بن فلاں اپنے انجینیر لڑکے کی شادی بغیر رسم و رواج کے دیندار لڑکی سے کرنا چاہتا ہوں ،شائقین رجوع ہوں ۔ یہ حوصلہ تو ان میں بھی نہیں جن کے بچے ''پان فروش'' ہیں ۔شادی میں علاوہ ازیں دعوتیں چاہیے تاکہ ڈکارلے کر لوگ دل کھول کر کھلانے والے کی برائی کر سکیں ۔لیکن سوال یہ ہے کہ یہ مطلوب اشیا آئیں تو کہاں سے آئیں ۔گھر ،مکان ،ملگی ،کھیت ،جائداد ، زیور ،زمین بیچ

کر اگر شادی کر بھی دی گئی تو شوہر کا ظلم و ستم تو مستقل ایک نا قابل تسخیر عنوان ہے؟کسی نے مزید جہیز کیلیے اس کے نازک بدن پر کیروسین چھڑک کر آگ لگا دی تو کسی ۔نے راتوں رات ذبح کر ڈالا۔کسی نے اس عفت مآب کو چکلوں میں لا بٹھایا تو کسی نے چلتے چلتے کسی زن گیر کو بیچ کر چلتا بنا۔اب اسے مدتوں ہوس کے پیاسوں کو اپنے کاسۂ عفت سے آبِ شباب پلانا ہے اور خود خون کے آنسو پینا ہے۔

آدمی سیدھا ملا تو بچے ٹیڑھے ہوئے۔ماں بن گئی تو اولاد کا ستم جھیلنا ہے۔حلقوم پر خنجر رکھ کر لڑکا اپنی ماں سے شراب کے لئے پیسے طلب کرتا ہے اور نہ دینے پر زد و کوب بھی کرتا ہے۔لعنت ہے ایسی اولاد پر!یہ ایک پامال فقرہ ہے جو ضعف جمہوریت کا آئینہ دار ہے۔بوڑھی ہوگئی تو اولاد مرنے کی دعا مانگتی ہے بلکہ دوا کرنے سے تک گریز نہیں کرتی۔بڑھیا کے گلے میں اگر کچھ زیور ہے تو پھر شہر کے اوباشوں کی کوئی کمی نہیں جو اس کے گلے میں دو ایک تولا سونا رہنے بھی دیں تا کہ کفن دفن کے کام آسکیں۔یہ اوباش کچھ ایسی مشاقی سے خواتین کے گلے سے زیور کھینچتے ہیں کہ سنار کی گھٹوائی ہاتھ ملتی رہ جاتی ہے،بعض وقت تو شہ رگ تک کٹ جاتی ہے اور ضعیف عورت خدا کو پیاری ہو جاتی ہے۔یہ سونا ہی تو ہے جو ہمیشہ کی نیند سلانے میں معاون و مددگار ثابت ہوتا ہے،لیکن اس کے باوصف لوگ سونے سے بے انتہا پیار بھی کرتے ہیں اور ہمیں ان کے پیار پر غصہ آتا ہے۔تھانے میں رپٹ کیا لکھوائی جائے،احوال تھانا سے کون خبر دار نہیں۔اگر بڑھیا اپنی موت آپ مر گئی تو اہل خانہ خوش ہیں کہ نظر توڑتی رخصت ہوئی۔عورت کی پیدائش سے لے کر موت تک کا یہ ایک افسانہ ہے جسے آنکھیں بے حسی سے پڑھتی ہیں اور دل ہے کہ ان رستے زخموں کو محسوس تک نہیں کرتا۔

دلیپ کمار کا بنگلہ

ہندوستان کو جن افسانوی شخصیات پر ناز ہو سکتا ہے، بلکہ ہونا چاہیے ان میں ایک نام شہنشاہ جذبات دلیپ کمار کا بھی ہے جنہوں نے نصف صدی تک ہندوستانیوں کے دلوں پر حکومت کی، یہ اور بات ہے کہ دنیا میں کس کی حکومت دائمی دنا پیدا کنار رہی ہے جو جناب یوسف خاں کے حصے میں آتی، چنانچہ جیسے جیسے دلیپ کمار اپنی عمر کی حدوں کو چھو رہے ہیں ویسے ویسے انکی شہرت و عظمت کی حدیں ختم ہوتی جارہی ہیں۔ جس کی تصویر سے اخبار کی صبح اور رسالوں کی حیات شروع ہو تی تھی آج ان کا ذکر اور ان کی تصویر محض ان کی سال گرہ کی محتاج ہو کر رہ گئی ہے۔ ہمارا خیال ہے کہ اگر وہ تقاریب سال گرہ سے اوب کر جو کبھی سال گرہ ہی منانا چھوڑ دیں تو وہ نسیا منسیا ہو کر رہ جائیں ۔لوگوں کو آج بھی مولانا آزاد کی سالگرہ کا روز یعنی ۱۱رنومبر یاد نہیں لیکن دلیپ کمار کی سالگرہ کا دن ۱۱ردسمبر ضرور یاد ہے یہ اور بات ہے کہ ہم چونکہ دونوں ہی سے محبت رکھتے ہیں اس لئے ہمیں دونوں ہی کی سال گرہ کا دن یاد ہے۔ ہر کمالے را زوال کے مصداق اب دلیپ کمار وہ دلیپ کمار نہ رہے جن کی اداؤں پر حسینان عالم کے دل دھڑک جایا کرتے تھے اب تو یہ عالم ہے کہ خود ان کا دل کبھی کبھی اپنے دھڑکنے کی رفتار طبعی کو بھول جایا کرتا ہے۔ ویسے ہم دعا گو ہیں کہ خدا انہیں عمر نوح عطا فرمائے۔ حیدرآبادیوں نے جنہیں بے حد چاہا ہے ان میں ایک دلیپ کمار بھی ہیں۔ دلیپ کمار سے

ہم نے بہت کچھ سیکھا ہے اور بہت کچھ حاصل کیا ہے۔

ان دنوں اخبارات میں دلیپ کمار کے بنگلے سے متعلق جن خبروں نے ہمیں چونکا دیا اس سے اندازہ ہوا کہ لوگ اگر یہ کہتے ہیں کہ دنیا چڑھتے سورج کی پوجا کرتی ہے تو شائد غلط نہیں کہتے ۔مہر زوال پزیر سے لوگوں کو کیا دل چسپی ہوسکتی ہے ۔خبر انتہائی اندوہ ناک تھی کہ دلیپ کمار نے اپنے بنگلے کی (جس کا کوئی نام نہیں ہے)تزئین نو کے لئے جو درخواست جج کے حضور پیش کی تھی اسے بیک جنبش خارج از دفتر کر دیا گیا۔آہ !جس کی جنبش ابرو سے جبین حکومت پر شکن پڑجایا کر تے تھے، جو پنڈت نہرو کے دوستوں میں گنے جاتے تھے۔جن کی ''شہید'' سے آزادی وطن کی پرچھائیاں ہویدا تھیں جس نے سارے ہندوستان کے دل کو مدتوں اپنی مٹھی میں بند رکھا تھا،آج اس کی درخواست درخور اعتنا قرار نہ پائی ۔افسوس ہے ایسے عروج پر جس کا زوال ایسی ناقدری کے نقوش دکھائے ۔ماتم ہے ایسی دل نوازی پر جس کا انجام ایسی دل سوزیاں ہوں۔ ہندوستان میں ہزاروں کروڑ کے روز گھپلے ہوتے ہیں اور انہیں کوئی منزل نہیں ملتی لیکن محض ایک سو کروڑ کی جائداد کے تنازعہ میں اس شخص کی آبرو کو پامال کر دیا گیا جس نے نصف صدی تک اپنی بے مثال اور نہ بھلائی جانے والی خدمات پیش کی ہیں۔افسوس جسے آج بھی شہنشاہ جذبات کہا جاتا ہے اس کے جذبات کی کسی کو پرواہ نہیں ۔ہمیں اس گھنگور تاریکی میں تعصب کی پھنکار صاف سنائی دے رہی ہے ،خدا کرے کہ ہمارا گمان غلط ثابت ہو۔

دلیپ کمار کا وہ بنگلہ جس میں کئی عظیم ہستیوں نے شہنشاہ جذبات سے ملاقات کی ،انہیں دیکھا ،سنا اور سمجھا ہے آج اپنی تزئین نو اور آرائش جدید کے لئے حکومت کی اجازت کا محتاج ہو گیا ہے ۔دلیپ کمار کا بنگلہ کوئی ''تاج محل'' نہیں جس پر قبضۂ تحریص جمایا جائے ،یہ ایک فن کار کی رہائش گاہ ہے جو خود ایک تاریخ رکھتی ہے اور جسے تاریخ بنایا جانا چاہیے۔اقبال اور غالب کی طرح

ہم دلیپ کمار کو بھی یادگار دوراں خیال کرتے ہیں اور اس بات پر ایقان رکھتے ہیں کہ ہر فن کی نمود خون جگر کا نتیجہ ہوا کرتی ہے۔ ہمیں دلیپ کمار کا بنگلہ اس لئے بھی عزیز ہے کہ وہاں دربان ہوتے ہیں اور ان کے غریب و غیر موٹر نشین پرستاروں کو ان سے ملنے سے روکتے ہیں۔

پتہ نہیں کس قسم کی مجبوری تھی جو انہیں اپنے بنگلہ کی تزئین نو کے لئے اس جج کو درخواست دینی پڑی جس کی بے اعتنائی اور ناقدری افسوس گزرانے کے لائق ہے۔ ایسا معلوم ہوتا ہے کہ یہ عہد، ناقدریوں کا عہد ہے۔ ہم دیکھتے ہیں کہ رشوت کا بازار گرم ہے۔ عدم لیاقت کا سکہ چل رہا ہے بلکہ اپنی رفتار دونی سے دوڑ رہا ہے۔ نااہل کرسیوں پر براجمان ہیں۔ غیر منصف کے دست حق بردار میں میزان عدل تھمائی جارہی ہے۔ ہڑبونگ کو موسیقی اور اچھل کود کو رقص کہا جارہا ہے۔ بے عقلوں کو ایوارڈس دئے جارہے ہیں اور بدتمیزوں کو اعزاز۔ ایسے میں اگر کوئی منصف ظلم و تعصب کی چادر اوڑھ کر اپنی عقل و فراست کو فراموش کرتے ہوئے بداخلاقی و بدتمیزی کے مظاہرے پر قانونی طور پر مجبور ہے تو ہمیں خاموش ہی رہنا چاہیے کیوں کہ ہم پکے ہندوستانی اور مہاتما گاندھی کے سچے پیرو ہیں۔ ستیہ گرہ پر ہمارا یقان اور عدم تشدد پر ہمارا ایمان ہے۔ ویسے دلیپ کمار تو محض عہدے ہی کے لحاظ سے "شریف" نہیں رہے ہیں بلکہ واقعتاً ایک شریف آدمی ہیں اب یہ شرافت نہیں تو کیا ہے کہ تکلیف مالایطاق کے مصداق طوق یک زوجی کو انہوں نے ہنوز زیور گلو بنائے رکھا ہے اور خدا کی آفاقی اجازتوں سے موصوف نے محض کور بین اہل جہاں کی چشم ناراض کے سبب بہ صد اشتیاق استفادہ نہ کیا ورنہ وہ بھی اپنے ہم عصر و ہمکار فن کاروں کی طرح آج حقیقی (فلمی نہیں) دادا اور پردادا ہوتے اور وہ بنگلہ جس کی تزئین نو کے لئے انہیں غیر مہذب اشخاص کے دست نگر ہوتے ہوئے درخواست دینی پڑرہی ہے "تزئین حقیقی" سے مالا مال رہتا۔

جادوگرسیاں

اردو زبان کا جب ہم جائزہ لیتے ہیں تو معلوم ہوتا ہے کہ لوگوں نے اردو زبان کے بیشتر الفاظ کو بگاڑ دیا ہے، لیکن ایک لفظ ایسا ہے جن کا تو جنازہ ہی نکل گیا ہے، یہ لفظ م سے مُلّا ہے اور اس لفظ کی طہارت و بزرگی میں کوئی دو رائے نہیں۔ لیکن افسوس آج یہ لفظ اچھے معنوں میں استعمال ہوں اس کا دور دور تک امکان نہیں۔ حالانکہ ''ملا'' بہت بڑے عالم و فاضل شخص کو کہتے ہیں، جیسے مُلّا علی قاری، مُلّا جیون، ملا حشمت اللہ بیگ دانشمندی وغیرہ وغیرہ۔ آج اگر ہم لغت کو پیش نظر رکھ کر کسی شریف آدمی کو ملا کہ دیں تو پھر سامنے لغت نہیں بلکہ اندھیرا ہی اندھیرا دکھائی دینے لگے گا۔ اور اگر اسی طرح کسی مولانا کو جو آپ مُلّا ارشاد فرمادیں تو دیکھیے کہ مولانا اپنی مسند ارشاد سے ترکی بہ ترکی کیا ارشاد فرماتے ہیں۔

''مُلّا'' دور حاضر میں اُس شخص کو کہتے ہیں جو چھو چھا کرتا ہے، گنڈے، فلیتے کا کاروبار کرتا ہے۔ نھاون کرواتا ہے، صدقہ اتارتا ہے، گرٹ نکالتا ہے، لوگوں کو الو بناتا ہے اور اپنا الو سیدھا کرتا ہے اور اپنی سحر انگیز باتوں سے خواتین کو شیشے میں اتارتا ہے۔ پتا نہیں خواتین کو ان مُلّاؤں میں کیا دکھائی دیتا ہے کہ شب و روز جی جان سے گرویدہ رہتی ہیں۔ ہر مُلّا کے دربار میں خواتین کا ایک ہجوم سر بہ گریباں رہتا ہے اور جو مرد دکھائی دیتے ہیں وہ ان کے میاں ہوتے ہیں یا میاں بھائی ہوتے

ہیں۔صاحبانِ عقل کے ہاں جو مرتبہ خدا ترس پیر و مرشد کا ہوتا ہے وہی کچھ کم عقل مستورات میں ایک چھو چھا کرنے والے مُلّا کا ہوتا ہے۔

یوں تو مُلّا کے نام ہی سے کسی مکّار،دھوکے باز،موقع پرست،زر پرست بلکہ زن پرست شخصیت کا خاکہ ابھرتا ہے تاہم ان میں جو پارسا،نیک اور عالم و کامل حضرات ہیں ان کا تو کیا پوچھنا ،درحقیقت یہ با خدا لوگ قوم کے خدمت گزار ہیں۔یہ اللہ والے ہیں اوران ہی کے دم قدم سے شیاطین ''فففرّ و'' ہوتے ہیں۔ان ہی کے عمل و عملیات،تعویذ و وظائف سے معصوم لوگ ارواحِ بد سے چھٹکارا حاصل کرتے ہیں،متاثرین کے اثرات زائل ہوتے ہیں،کام سے گیا ہوا آدمی کام پر لگ جاتا ہے،برہنہ لوگ کپڑے پہن لیتے ہیں،دیوانے،سیانے ہو جاتے ہیں۔میاں بیوی کے درمیان کی بے وجہ لڑائیاں ختم ہو جاتی ہیں،گمراہ،ہدایت پالیتے ہیں اور جادو منتر کا سارا مکر و فریب ختم ہو جاتا ہے۔رات کی سیاہ تاریکیوں کے بعد روزِ روشن طلوع ہو جاتا ہے۔ہم تو ایسے خُدا ترس حضرات سے وابستگی تامہ کو اپنی خوش بختی متصوّر کرتے ہیں۔

انہیں بزرگ عاملین اور خُدا رسیدہ مرشدین،ذواتِ باصفا و اشخاصِ بے ریا میں کچھ شیطان صفت اور ابلیس طبع حضرات شامل ہو کر اپنا مکروہ کھیل کھیلنے لگتے ہیں،انھی افراد سے ہمیں البتہ ایک چڑھ سی ہے۔بچھو کا تو منتر یاد ہے نہیں اور لگے ہیں سانپ کے بل میں ہاتھ ڈالنے ۔شیطان تو انسان کا ازلی دشمن ہے،انہ لکم عدو مبین۔یہ ان کے ساتھ شامل ہو کر وہ گل کھلاتا ہے کہ توبہ ہی بھلی۔نادان لوگ سچوں کے دروازوں کو خیر باد کہ کر ان مکّار،جعل ساز اور فریبی انسانوں کے ہاتھوں کھلونا بن جاتے ہیں۔یہ لوگ پہلے ان کی نفسیات سے کھیلتے ہیں پھر ان کی دولت سے پھر عصمتوں کا نمبر آتا ہے۔یہ جھوٹے عاملین شیاطین کو تو اتارتے نہیں البتہ خود صورتِ ابلیس معصوم ارواح پر چڑھ جاتے ہیں۔ظاہر ہے کہ اگر انسان پر شیطان چڑھ جائے تو اترنے کی

امید بھی ہے لیکن جب ایک انسان پر دوسرا انسان چڑھ جائے تو اترنے کا دور دور تک امکان باقی نہیں رہتا۔وہ دھوکے جو جناب ابلیس کو بھی نہ سوجھے ہوں گے ان شیاطین الانس کو سوجھنے لگتے ہیں،آسانی سے بہت سارا روپیہ کمانے کا یہ ایک ذریعہ بن جاتا ہے۔شرک و بدعت،ضلالت و گمرہی،ناپاکی وعدم طہارت،اعمال بد واعمال اسفل غرض ہر وہ چیز جو اللہ اور اس کے رسول کو نا پسند ہے ان کے ہاں بدرجہ اتم اپنا اثر دکھانے لگتی ہے۔ان لوگوں کو نہ قرآن سے سروکار ہوتا ہے نہ حدیث سے،نہ انہیں فقہ سے مطلب ہوتا ہے نہ مسائل شرعیہ سے،التحیات یاد نہیں اور لیمو اتارے جارہے ہیں،دُعائے قنوت از بر نہیں اور دھواں دیا جارہا ہے۔وضو کے فرائض معلوم نہیں اور دُعا پڑھی جارہی ہے۔قرآن کی سورتوں کی تعداد کا پتہ نہیں اور حاضرات دیکھے جارہے ہیں۔خواتین تو ہوتی ہی ضعیف الاعتقاد ہیں بس ایک چھو میں زلفوں کو کھولے جھوم رہی ہیں،مانو عزیز میاں چیخ چیخ کر قوالی سنا رہے ہوں۔ہم سوچتے ہیں کہ وہ صنف نازک جو سراپا ”جادو“ ہوتی ہیں کون ان پر جادو کرے گا،نگاہِ ناز کے ٹونے نے تو اچھے اچھوں کی جادوگری کو چکلے لگا دیا ہے،ان پر کون ٹونا مارے گا۔رمز و ادا کا سحر تو فرشوں پر اثر انداز ہو جاتا ہے کون ان پر سحر کرے گا۔لہراتی ہوئی سیاہ زلفیں تو عقلا کی دانش و بینش پر سیاہی پھیر دیتی ہیں کون ان پر منتر پھیرے گا۔مستانہ چال کہ زہاد وقت صراطِ مستقیم بھول بیٹھیں کون ان پر لیمو کاٹے گا۔ہوش ربا تبسم کہ متقی بھی گنہگار ٹھہرے،کون انہیں دھونی دے گا۔یہ تو خود چندر مکھی اور تارا متی قسم کی چیز ہوتی ہیں،کون ان پر بھانامتی کروائے گا۔وہم کا ایک دریائے موجزن ہے کہ جس میں خیال و تصور کی کشتیاں مدام رواں رہتی ہیں۔اوران مُلاؤں کا کاروبار محض جھوٹ پر پھولتا پھلتا روز افزوں ترقی پر گام زن رہتا ہے۔یہ مُلا لوگ اس قدر سفید جھوٹ بولتے ہیں کہ بچوں کی گھگھی بندھ جاتی ہے۔ان کی زبان پر ایک ہی فقرہ ہوتا ہے ”بی بی اتم پر کسی نے چوٹ چلائی ہے،کوئی تمہارا دشمن ہے؟“اب کون اتنا خوش بخت ہے کہ اس بھری

دنیا میں اس کا کوئی دشمن ہی کوئی نہ ہو۔اس دنیا میں تو مُردوں کے دشمن ہوا کرتے ہیں زندے کس شمار میں ہیں۔نادان عورتیں تو دوستوں کو بھی دشمن تصور کر لیا کرتی ہیں۔ادھر مستورات نے حامی بھری ادھر ملانے جیب۔میاں نے جو حوالے کے ذریعے کمایا تھا ایک ہی جھٹکے میں مُلّا کے حوالے ہو گیا۔ویسے بھی روپیہ جس راستے سے آتا ہے اسی راستے سے واپس بھی جاتا ہے۔جب عامل اپنے موکل نا آفریدہ سے گفتگو کرتا ہے تو رامسے برادرس کی ڈراونی فلمیں یاد آجاتی ہیں۔یہ حضرات جو خود اچھے خاصے شیطان ہوتے ہیں، چڑھے ہوئے شیطان سے ہم کلام ہوتے ہوئے اس بے چارے کو ایسے دھمکاتے ہیں جیسے کوتوال چور کو یا پھر موجودہ زمانے کا کوئی چور کوتوال کو دھمکار ہا ہو۔یہ ڈرامہ کسی ایک کے لئے مختص نہیں ہوتا ہے جو آتا ہے وہ یہی راگ سنتا ہے۔ہلدی کی گرہ دی ہے کہ اسے اوکھلی میں رکھو دشمن کے موسل پڑیں گے۔گنڈا دیا کہ ناف پر باندھیو دشمنوں کا صفایا ہو جائے گا۔شکر دی کہ اسے چائے میں ملا کر شوہر کو پلا دو زندگی بھر فرماں بردار کتے کی طرح آگے پیچھے دُم ہلاتا رہے گا۔گڑ دیا کہ ساس کو کھلا دیجیو مرتے دم تک سگھڑ بہو کی طرح فرمانبردار رہے گی۔یہ تعویذ ہری ٹہنی کو باندھیو نند کا منھ بند ہو جائے گا۔بی بی، جادوگر سیاں سے پوچھتی ہے،صاحب! کتنے روپے؟مُلّا کہتا ہے اماں دوسروں سے تو دس ہزار لیتا ہوں تم اپنی ہو پانچ دیدو۔تماشہ ختم پیسہ ہضم۔

جعلی ملّاوں کی زبان پر عموماً ایک لفظ ’’امّاں‘‘ رہتا ہے، جیسے ’’اماں تمہارا کام ہو جائے گا، اماں یہ گنڈا قبرستان میں رکھوادو، پیچھے مڑکر نہیں دیکھنا، بولو اماں، وغیرہ وغیرہ۔جب ان ملاؤں کو اپنے سیاہ کرتوت دکھانے کا موقع مل جاتا ہے تو پھر کچھ ایسی باتیں ظہور کی راہ پاتی ہیں تو پھر’’ اماں‘‘ زبانِ حال سے کہ اٹھتی ہے ’’لٹاں‘‘۔اگر کسی بدنصیب کو بے مروتی سیکھنی ہو تو کوئی دواخانہ ہو آئیں یا کسی زبردست جعل ساز ملا سے مل لیں۔وہ اقدار اسفل جو اس دنیا میں گاہے گاہے

ظہور پزیر ہوتے ہیں، وہاں اپنے نقطہ عروج پر نظر آئیں گے اور آپ ان حضرات بے بدل کو مسیحِ دوراں نہیں دجّالِ زماں کہنے پر مجبور ہو جائیں گے۔ روپیہ پیسے کے معاملے میں نہ ڈاکٹر بخشتا ہے نہ ملا۔ ان حضرات بے بدل کو مردے سے کوئی ہمدردی نہیں ہوتی خردے سے لگاؤ ہوتا ہے۔

یادش بخیر! ایک دفعہ ہم کسی، نازنین دمہ جبین وزہرہ جبین کے عشق میں گرفتار ہو گئے تھے۔ کم بخت نے ہمیں اپنی زلفِ گرہ گیر میں کچھ اس طور اسیر بنا رکھا تھا کہ نہ جائے ماندن نہ پائے رفتن والی بات پیدا ہو گئی، واقعی ہمیں عشق ایک آگ کا دریا معلوم ہوتا تھا اور یہ احساس ہوتا تھا کہ ہمیں اس میں ڈوب کر گزرنا ہے۔ وہ تراکیب مطہرہ جو سینۂ مجنوں سے ہمارے سینے تک سینہ بہ سینہ چلی آرہی تھیں، جب شدّت سے ناکام ہو گئیں تو یارانِ دلنواز نے مشورہ دیا کہ کسی مُلّا سے مل لو شاید بات بن جائے۔ پتہ بھی بتا دیا کہ رنگیلی کھڑکی میں رنگیلے بابا رہتے ہیں جو خود بھی بڑے رنگین مزاج واقع ہوئے ہیں اور رنگین معاملات کو نہایت رنگینی سے حل فرمایا کرتے ہیں۔ ان کے ہاں عشاقِ نامراد کی بھیڑ لگی رہتی ہے جو رنگیلے بابا کے علاج سے کبھی کبھی با مراد بھی ہو جاتے ہیں۔ عشاقانِ شب زندہ دار نے ان کے گلی ہی کو "کوچۂ رنگین" کا نام دے رکھا ہے۔ ہمارا خیال ہے کہ عاشقِ نامراد سے زیادہ مجبورِ محض کوئی نہیں ہوتا۔ آخرش ہم پوچھتے پوچھتے کوچۂ رنگین پہنچ ہی گئے۔ درودیوار سے حد درجہ نحوست ہویدا تھی۔ حضرت کو جو دیکھا پسینے چھوٹ گئے، وحشت زدہ چہرہ، گھٹیلا بدن، بہت دور تک نکلی ہوئی توند آنکھوں میں مکاری کی چمک، ہونٹوں پر فریبی تبسّم، انداز میں جادوگری آواز میں سحر، پوچھا نام کیا ہے، ہم نے کہا "عباس متقی" کہنے لگے اپنا نہیں اُس کا نام بتاؤ جس پر تم عاشق ہو گئے ہو۔ ہم نے نہایت عقیدت واحترام کے ساتھ پہلے اپنے سینے پر ہاتھ رکھا اور پھر کانپتے ہونٹوں سے رکتی ہوئی آواز کے ساتھ عرض کیا محترمہ کیٹ ونسلیٹ دامت اقبالہا۔ اتنا سنتے ہی حضرت چونک پڑے اور حیرت سے ارشاد فرمایا۔ بابا! وہ تو ہالی ووڈ کی ہیروئین ہے اور تم اس درجہ

عقیدت و احترام سے اس کا نام لے رہے ہو؟ ہم نے کہا قبلہ! ''ادب پہلا قرینہ ہے محبت کے قرینوں میں''۔ آدمی جس سے محبت کرتا ہے اس کا ادب و احترام خود اس کے دل میں پیدا ہو جاتا ہے ،اور ہم کوئی بدنصیب آدمی تو ہیں نہیں کہ جو ایک طرف محبت کا دعویٰ بھی کریں اور دوسری طرف جس سے محبت کا دعویٰ کریں اسی کی اہانت و بے ادبی کی جراءت بھی کریں ۔حضرت ہم تو وہ آدمی ہیں کہ جس سے محبت کرتے ہیں اس کے عشق کا پھریرا اپنے دل میں اور نام کا جھنڈا اپنے گھر پر نبراتے ہیں۔ کہنے لگے یہ تو ٹھیک ہے لیکن ''کیٹ ونسلیٹ'' ہم نے کہا قبلہ اُس جمیلہ دوراں و حسینہ زماں کو خدا ہی نے تو اپنے مبارک ہاتھ سے بنایا ہے اور کیا خوب بنایا ہے کہ بس دیکھا کیجیے بلکہ اطمینان سے گھورا کیجیے۔اب یہی دیکھیے کہ اس کا حسن اس بلا کا ہے کہ دانشن مندوں کا دل اُڑا لیا کر تی ہے ،اچھے اچھے عقلا ٹائٹانک کی طرح اس کی محبت میں غرق ہو گئے ہیں۔ اور یوں بھی ہم ہر جمال میں خدا کا کمال دیکھتے ہیں۔بس ایک بار وہ ہمیں مل جائے پھر دیکھیے ہم اس کی تقدیر بدل کر رکھ دیں گے ۔مُلّا نے حیرت سے کہا تقدیر؟ ہم نے کہا ہاں! ''نگاہِ مردِ مومن سے بدل جاتی ہیں تقدیریں''۔ہم نے اپنی صفائی میں عرض کیا کہ قبلہ اس معاملۂ عشق میں ہم بے قصور ہیں خود محترمہ عالیہ احقر العباد کے عشق میں پہلے گرفتار ہوئی ہیں ۔اس جملہ پر حضرت چونک پڑے ،پوچھا ،کیا آپ ہالی ووڈ گئے تھے ؟ہم نے کہا نہیں ۔پوچھا کیا وہ یاقوت پورہ آئی تھی؟ ہم نے کہا نہیں ۔کہنے لگے پھر؟ ہم نے جواباً عرض کیا قبلہ! ہم اس پر ایقان رکھتے ہیں کہ ''عشق اوّل در دلِ معشوق پیدا می شود''۔ممکن ہے اس نے ہماری کوئی خوب صورت تصویر دیکھ لی ہو،ممکن ہے اس نے ہماری تحریر پڑھ لی ہو،ممکن ہے ۔۔۔ابھی ہم کچھ اور ارشاد فرمانا چاہتے تھے لیکن حضرت نے ''بس بس'' کہ کر ہمیں بریک لگا دیا اور ہم نئی مرسڈیز کی طرح فوراً بغیر آواز نکالے رک گئے ۔کہنے لگے حضرت! وہ انگریز ہے اور آپ مسلمان؟ ہم نے کہا تو کیا ہوا صاحب کتاب سے نکاح جائز ہے اور عشق و محبت کے معاملات میں تو جواز میں شدت پیدا

ہوسکتی ہے۔حضرت نے پھر اعتراض کیا کہ وہ ایک اداکارہ ہے اور آپ ۔۔۔۔ہم نے کہا حضرت جب شہنشاہِ جذبات قسم کی شخصیتیں اداکارہ سے شادی کرسکتے ہیں اور شادی کے بعد اداکارہ کی اداکاری کو اپنی معنی خیز اور خاموش نگاہی سے برداشت کرسکتے ہیں تو ہمیں کون ٹوک سکتا ہے اور ہماری آبرو کیا متاثر ہوسکتی ہے اور پھر ہم نے راجیش کھنہ کی طرح اپنی گردن جھٹک کر کہا اور آبرو کا پاس و لحاظ رکھتا کون ہے؟عشق آدمی کی آبرو ہی کو داؤ پر نہیں لگاتا بلکہ خود آدمی کو بھی دار پر چڑھا دیتا ہے ۔اس حلمی گفتگو کے بعد حضرت نے گردن ڈال دی اور پوچھا،اس کے باپ کا نام کیا ہے،ہم نے کہاانگریزوں میں باپ کا نام پوچھنے کا رواج نہیں ۔ہمیں اس کے باپ سے کیا لینا دینا،ویسے ہم محترمہ کیٹ ونسلیٹ کے والدین کے آبھاری ہیں کہ ایسی بھاری چیز کو دنیا میں لانے کا سبب بنے ،جو قد آور ہی نہیں،غش آور بھی ہے ۔اتنا سڈول پیکر تو ہم نے خواب میں بھی نہیں دیکھا،جلیل مانکپوری اور امیر مینائی مرحوم کی شاعری کا جب باہمی اتصال ہوتا ہے تو کیٹ ونسلیٹ جیسی حسینہ کا ظہور ہوتا ہے۔انگریزی میں بات کرتی ہے تو اردو میں پھول جھڑتے ہیں،دل کھول کر ہنستی ہے تو دل اور دماغ دونوں باغ باغ ہو جاتا ہے۔ہم نے کیٹ کے بارے میں مزید کچھ نہیں بتایا کہ کہیں ''بن گیا رقیب آخر تھا جو راز داں اپنا'' کے مصداق خود مُلّا کیٹ کی محبت میں گرفتار ہو کر ہالی ووڈ کے لئے رختِ سفر نہ باندھ لے اور ہم ''کارواں گزر گیا،غبار دیکھتے رہے'' کا عنوان نہ بن جائیں۔حضرت نے آخری داؤ آزمایا،کہنے لگے،بابا ہم نے سنا ہے کہ اس نے کچھ نیم عریاں شاٹس بھی دیئے ہیں۔ہم نے کہا قبلہ آپ کے جملے میں نیم نہ بھی ہوتا تو آپ کا جملہ صحیح ہوتا۔بعض وقت پیراہن کے نام پر موصوفہ نے محض گلے میں ایک عدد پدک پر اکتفا کیا ہے اور ہم سوچتے ہیں کہ جانِ نازک پر دہ بھی گراں ہے۔ہر آدمی اپنی ضرورت سے مجبور ہوتا ہے کیٹ ونسلیٹ کو آپ حدِ جبر سے ماورئی کیوں خیال کرتے ہیں۔اگر محترمہ نے ضرورت عکاسی کے تحت لباسِ فطرت کو اختیار کیا ہے تو

یہ اس نازنین و مہ جبین کی مجبوری رہی ہو گی ۔اور یوں بھی جب چمن میں پھول کھلتا ہے تو اس کی عریانی ہی اس کا حسن قرار پاتا ہے ۔ہم نے وکالت پر کمر باندھ لی ،کبھی آپ نے سنا ہے کہ چمن میں پھول با پیرہن کھلا ہو ۔اگر غنچے کو ملفوف کر دیا جائے تو کون اس کی نزاکتِ ظاہری و لطافتِ باطنی سے لطف اندوز ہوگا ۔اور کون ہے جو حسن کو بے پیرہن دیکھنا نہ چاہے ۔یہ تمنائیں تو لوگ پارلمنٹ اور اسمبلی جیسے مقامات پر بھی پوری کرلیا کرتے ہیں ۔یہ اور بات ہیکہ جو بے پیرہن ہو وہ واقعۃ حسن ہو ورنہ بعض اجسام کو بے پیرہن دیکھنا آنکھوں کی موت کا باعث ہوتا ہے ۔قبلہ انگشت بہ دندان تھے اور ہم نے حکایت چھیڑی کہ ایک حضرت نے اپنی منکوحہ کو ایک دفعہ غلطی سے بے پیرہن دیکھ لیا تھا ،ان کے دیکھتے ہی ان کی منکوحہ ،بیوہ ہوگئی ۔بے پیرہنی پہلے پہلے زندگی کا باعث ہو تی ہے ،بعد میں موت کا سبب بھی بن جاتی ہے ۔بعض حضرات تو پیرہن میں بھی اپنی بیوی کو نہیں دیکھتے ،ازدیادِ حسن کے سبب غش کھا کر گرنے کے امکانات پیدا ہو جاتے ہیں ۔ہم نے کیٹ کی طرفداری میں عرض کیا کہ حضرت کون اس دنیا میں جو عریاں نہیں بعض حضرات تو ہزار پیرہنوں میں بھی عریاں دکھائی دیتے ہیں ،اور تو اور نجد کا قیس تنگ تصویر کے پردے میں عریاں نکلتا ہے ۔ہماری تقریر دل پزیر پر حضرت نے منہ کھول دیا گویا سوچ رہے ہوں کہ جادوگر سیاں وہ ہیں یا خدانخواستہ ہم ہیں ۔کہنے لگے کیا چاہتے ہو؟ اس سوال پر ہم نے کنواری دوشیزاوں کی طرح اپنی انگلیاں مروڑیں اور پھر شرما کر اپنی نگاہوں کو نیچی کرلیا ۔بہت سی باتیں کہاں لفظوں کی متقاضی ہوتی ہیں ۔حضرت نے یہ دیکھ کر مسکرادیا اور کہنے لگے ۔اسے کہتے ہیں سچا عشق ،کہاں امریکہ اور کہاں یاقوت پورہ ۔ارشاد فرمایا کہ میاں !یہ کام ذرا مشکل ہے ،ہندوستان اور امریکہ کے درمیان میں کچھ سمندر آگئے ہیں ۔پہاڑ آجاتے تو کوئی بات نہ تھی ،میرے موکل پہاڑوں کو خاطر میں نہیں لاتے ،لیکن تم امید رکھو تمہارا کام ہو جائے گا ۔اماوس کی رات میں عمل تاسنا ہوگا ،یہ سب ہم کرلیں گے ۔حضرت

نے ایک طویل سانس لی اور یوں ایک تبسم خاص کے ساتھ گویا ہوئے ،نہ جانے کیوں تمہاری عاشقی پر ہمیں رحم آرہا ہے۔ہم نے کہا قبلہ !آپ کی نوازش ہے ورنہ اس دنیا میں محبت کرنے والوں کے لوگ دشمن ہو جاتے ہیں خاص کر عورتیں جو محبت کرنے والے کی بیویاں ہوں۔اتنا سنتے ہی وہ خاموش ہو گئے گویا سوچ رہے ہوں کہ کیا ایسا بھی ممکن ہے۔لیکن پھر سنبھل کر بولے ،دس ہزار لوں گا ،ہم نے کہا حضور! منظور، کیٹ ونسلیٹ کیلئے ہم دس کیا بیس ہزار خرچنے کو تیار ہیں۔کہنے لگے ،گڑت کرنا ہوگا ،نھاون بعد میں کرواؤں گا ،لیکن کچھ چیزیں لانا ہوگا۔ہم کہا قبلہ! حکم دیجیے ،کوہِ قاف سے بھی لانا ہو تو لے آئیں گے۔قبلہ نے ارشاد فرمایا۔''ایک سیاہ مرغ، تین تازہ لیمو، تین گز کالی ڈوری ، پانچ گز کالا کپڑا ،سات ندیوں کا پانی ، کفِ دریا ،الّو کا دودھ،شیر کا دانت ،چیل کا بھیجہ، بڑ کی جڑ ، بڑہاغل کا انڈا ،سات قسم کی دالیں ، پرانی قبر کی مٹی ،سفید گھوڑے کی نال ،کالے بچھو کا ڈنک ، ببول کے تین عدد کانٹے ، نیم کی چھال ،ایک چٹکی بارود، تین مٹھی دریا کی ریت ۔حضرت نے ان سب چیزوں کے نام اس تیزی سے لئے گویا کئی دنوں تک مشق بہم پہنچائی ہو۔ہم نے بصد اشتیاق ان چیزوں کو جمع کیا اور مع دس ہزار کے حضرت رنگیلے شاہ کی نذر کی لیکن ہونی کو کون ٹال سکتا ہے ،دو ہفتوں بعد اخبار سے اطلاع ملی کہ کیٹ ونسلیٹ نے کسی سے تیسری شادی کرلی ہے۔اب ہم نے یہ طے کرلیا ہے کہ آئیندہ اگر ہم کسی کے عشق میں پھنس بھی جائیں تو خواہ کچھ ہو کسی ملا کے تو چنگل میں ہرگز نہیں پھنسیں گے۔
